풀어서 배우는
술술한자

지은이 - 박두수

한학자 집안에서 태어나 어려서부터 부친께 한학을 배웠고, 부형의 권유에 따라 가업을 잇는다는 정신으로 한문교육과를 나와 학생들을 지도하고 있습니다.

한자 때문에 울고 있는 여학생을 보고, 한학을 배우면서 힘들었던 자신의 어린 시절이 생각나 어떻게 하면 어려운 한자를 쉽고 재미있게 가르칠 수 있을까를 연구하였습니다.

한자를 연구하여 새로 부수를 개발하고 뜻과 음을 정리한 후 한자의 자원을 풀이하여 자신의 학습법으로 한자를 가르치면서 뜨거운 호응을 얻고 있습니다.

저서로《술술한자 부수 200》《한자 암기박사 4급 휘어잡기》《한자 암기박사 3급 휘어잡기》《한자 암기박사 2》《암기박사식 한자능시 8~1급》《족보와 해설이 있는 한자능시 기출·적중 문제집 3급》등이 있습니다.

- 이메일 : dshanja@naver.com
- 휴대폰 : 010-5052-5321

한국어문회 주관 | 한국한자능력검정회 시행

한자능력 검정시험 5급

풀어서 배우는

술술 한자

박두수 지음

4 초등학년용

중앙에듀북스

안녕하세요? 박두수입니다

❗ **한자 학습 왜 해야 될까요?**
- 한자는 세계 인구의 26%가 사용하는 동양권의 대표문자입니다.
- 우리말의 70% 이상을 차지하고 있는 것이 한자어입니다.

❗ **한자를 잘하면 왜 공부를 잘하게 될까요?**
- 한자는 풍부한 언어 문자 생활과 다른 과목의 학습을 도와주는 역할을 합니다.
- 중학교 1학년 기본 10개 교과목에 2,122자의 한자로 약 14만 번의 한자어가 출현합니다.
- 한자표기를 통한 학습에서 43%가 학업성적이 향상되었습니다.

❗ **쓰기 및 암기 위주의 한자 학습 이제 바뀌어야 합니다.**
- 한자는 뜻을 나타내는 표의자로 각 글자마다 만들어진 유래가 있습니다.
- 한자는 만들어진 유래를 생각하며 학습하면 쉽게 익힐 수 있습니다.
- 한자는 단어 위주로 뜻을 알고 그 단어가 쓰인 예문과 함께 학습해야 합니다.

❗ **올바른 한자 학습을 위해서는 부수를 제대로 알아야 합니다.**
- 부수는 한자를 이루는 최소 단위입니다.
  ① 日(해) + 一(지평선) = 旦(아침 단)   해가 지평선 위로 떠오를 때는 **아침**이니
  ② 囗(울타리) + 人(사람) = 囚(가둘 수)   울타리 안에 죄지은 사람을 **가두니**
  ③ 自(코) + 犬(개) = 臭(냄새 취)   코로 개가 **냄새** 맡으니
- 어때요? 一(한 일)은 지평선, 囗(에울 위)는 울타리, 自(스스로 자)가 코를 뜻하는 것을 알아야 되겠지요.

❗ 이 시리즈의 구성 및 특색

- 이 시리즈는 부수, 8급, 7급, 6급(6급Ⅱ 포함), 5급, 4급Ⅱ, 4급, 3급Ⅱ, 3급, 2급, 1급으로 구성되어 있습니다.
- 먼저 부수를 정확히 익힌 후 급수 순서대로 학습하세요.
- 모양이 비슷하여 구별이 힘든 부수자는 동일 글자로 엮고, 잘 쓰이지 않는 부수자는 제외하였습니다.
- 부수는 일반적인 뜻과 변형 외에 연구 발전시켜 다른 뜻과 변형을 개발하여 활용하도록 하였습니다.

"선생님! 해도 해도 안 돼요. 한자가 너무 어려워요."
하면서 울먹이던 어린 여학생의 안타까운 눈망울을 보며 '어떻게 하면 한자를 쉽게 익힐 수 있을까' 오랜 시간 기도하며 연구했습니다. 누구나 한자와 보다 쉽게 친해지게 하려는 열정만으로 쓴 책이라 부족함이 많습니다. 한자의 자원을 정확히 알기는 어렵습니다. 아직 4% 정도만 자원을 제대로 유추할 수 있다고 합니다. 다양한 또 다른 자원이 가능하다는 뜻이죠.
부디 이 책이 한자와 친해지는 계기가 되고 여러분께 많은 도움이 되기를 진심으로 기도합니다.

오랫동안 한자를 지도해 주시거나 주야로 기도해 주신 분들과 책이 출간될 수 있도록 도움을 주신 모든 분들께 진심으로 사랑과 감사의 말씀드립니다.

박두수 올림

한자를 쉽게 익히는 법

1 한자는 무조건 쓰고 외우지 마세요.
  − 한자는 뜻을 나타내는 표의자입니다. 각 글자마다 만들어진 유래가 있다는 것이지요.
   예시 鳴(울 명) : 입(口)으로 새(鳥)는 울까요? 짖을까요? 울지요! 그래서 울 명
      吠(짖을 폐) : 입(口)으로 개(犬)는 짖을까요? 울까요? 짖지요! 그래서 짖을 폐
  − 한자는 모양이 비슷한 글자가 매우 많아서 익히기에 힘듭니다.
   예시 閣(집 각) 間(사이 간) 開(열 개) 聞(들을 문) 問(물을 문) 閉(닫을 폐) 閑(한가할 한)
   이처럼 한자는 그 모양이 비슷비슷한 것들이 너무 많기 때문에 무조건 쓰고 외우는 데는 한계가 있습니다.

2 그럼 어떻게 한자를 공부해야 쉽게 익힐 수 있을까요?
  − 먼저 글자를 나누어 보세요. 그 다음 왜 이런 글자들이 모여서 이런 뜻을 나타내는 한자가 되었는지 생각해 보세요.
   예시 休(쉴 휴) = 亻(사람 인) + 木(나무 목)
   왜 亻(사람 인)과 木(나무 목)이 모여서 休(쉴 휴)가 되었을까요? 사람(亻)이 햇빛을 피해 나무(木) 밑에서 또는 기대어 쉬었겠지요. 그래서 쉴 휴

3 쓰는 순서를 무시한 자원 풀이 도움이 될까요? 안 될까요?
  − 다음을 비교해 보세요.
   예시 明(밝을 명)의 쓰는 순서는 日(해 일)을 먼저 쓰고 月(달 월)을 나중에 쓰지요.
   ① 해(日)와 달(月)이 비추면 밝지요. − (O) 쓰는 순서에 따른 자원 풀이
   ② 달(月)과 해(日)가 비추면 밝지요. − (X) 쓰는 순서를 무시한 자원 풀이
   어때요? 쓰는 순서를 무시한 자원 풀이는 한자를 쓰면서 익힐 때 문제가 되겠지요.

4 한자를 익힌 다음은 그 글자가 쓰인 단어와 뜻까지 익히세요.
   예시 明月(명월) : 밝은 달
      明日(명일) : 밝은 날이란 뜻으로 내일을 이르는 말

5 그 다음 그 단어가 쓰인 예문을 통해서 어휘를 익히세요.
   예시 졸업식이 明日 오전 10시에 시작되니 꼭 참석해 주시기 바랍니다.

6 모양이 비슷한 글자끼리 연관 지어 익히세요.
   예시

門	+	耳	=	聞(들을 문)	문(門)에 귀(耳)를 대고 들으니
	+	口	=	問(물을 문)	문(門)에 대고 입(口) 벌려 물으니

 ## 그래서 이렇게 만들었어요

1 모든 한자를 가능한 한 자원으로 풀이했습니다.
   예시 生(날 생, 살 생)의 풀이
   - '초목이 땅에 나서 자라는 모양' 지금까지 대부분의 풀이는 이렇죠. 하지만 이 책은
   - '사람(ㄥ)은 땅(土)에서 나 살아가니' 그래서 '날 생, 살 생' 이렇게 나누어 자원으로 풀이했습니다.
     어때요? 더 이해가 쉽지요?

2 한자 자원 풀이를 알기 쉽게 했습니다.
   - 자원 풀이용 한자교재가 많지만 대부분 너무 학술적이어서 이해하기가 어렵습니다.
   - 이 책은 한자를 지도하면서 얻은 학습자의 눈높이로 자원을 쉽게 풀이했습니다.
     예시 族(겨레 족)의 풀이
   - '깃발(方) 아래 화살(矢)을 들고 모여 겨레를 이루니' 대부분의 풀이는 이렇죠. 하지만 이 책은
   - '사방(方)에서 사람(ㄥ)과 사람(ㄥ)들이 모여 큰(大) 겨레를 이루니' 그래서 '겨레 족' 이렇게
     글자를 최대한 나누어 쉽게 풀이했습니다.

3 모든 한자를 쓰는 순서대로 자원을 풀이했습니다.
   - 쓰는 순서를 무시한 자원 풀이는 활용하기가 어렵습니다.
     예시 囚(가둘 수) = 울타리(口) 안에 죄지은 사람(人)을 가두니

4 자원 풀이와 한자 쓰기가 한곳에 있어 학습에 용이합니다.
   - 자원 풀이 밑에 곧바로 쓰는 빈칸이 있어 자원을 보고 한자를 쓰면서 익힐 수 있습니다.

5 철저히 자원 풀이에 입각한 학습을 하도록 구성하였습니다.
   - 대부분의 책들이 자원 풀이를 하고 있지만, 글자에 대한 설명으로 끝나고 더 이상 자원을 활용한
     학습방법을 제공하지 못해 학습자들이 결국은 자원을 무시한 채 무조건 쓰면서 익힙니다.
   - 이 책은 자원을 보며 한자를 쓸 수 있도록 본문을 구성했으며, 연습과 평가 부분도 자원을 생각하며
     한자를 익힐 수 있게 구성했습니다.

6 배운 한자를 활용한 단어학습과 예문으로 어휘력을 길러줍니다.
   - 배운 글자로만 단어를 구성하여 학습하기가 쉽습니다.
   - 모든 단어는 한자를 활용하여 직역 위주로 풀이하였습니다.
   - 예문을 통하여 단어를 익힐 수 있도록 모든 단어는 예문을 실었습니다.
     예시 父子(부자) : 아버지와 아들   ☞ 옆집 父子는 휴일마다 함께 등산을 한다.

7 학교 교과서에 자주 나오는 어휘를 분석하여 실었습니다.
   - 교과서에 자주 나오는 어휘의 뜻을 한자를 통해 익힐 수 있습니다.

한자능력검정시험에 대하여

- 한자능력검정시험은 사단법인 한국어문회에서 주관하고 한국한자능력검정회가 시행하는 한자 활용능력 검정시험을 말합니다. 1992년 12월에 1회 시험이 시행되었고, 2001년 5월에 시행된 제18회 시험부터 국가공인 자격시험(3급Ⅱ~1급)으로 지정되었습니다.

- 한자능력검정시험은 교육급수(8급~4급)와 공인급수(3Ⅱ~1급)로 나뉘어 연간 4회 실시되며 8급~1급은 재학여부, 학력, 소속, 연령 등에 상관없이 원하는 급수에 응시할 수 있습니다. 공인급수 획득의 경우 국가자격 취득자와 동등한 대우 및 혜택을 받으며, 학교 생활기록부에 등재, 입시에 활용되고 기업체 입사 및 승진 고과에 반영됩니다.

- 현재 한국어문회를 포함해 7개의 공인된 단체가 각기 나름의 특성을 지닌 한자검정시험을 연간 수차례씩 실시하고 있으며, 본 중앙에듀북스의 한자급수 시리즈는 한국어문회가 주관하는 시험을 기준으로 삼았습니다.

 ## 합격을 위한 한자능력검정시험 안내

급 수		읽기	쓰기	수준 및 출제·합격기준	주요대상
교 육 급 수	8급	50	없음	• 유치원생, 초등학생의 한자 학습 동기 부여를 위한 급수 • 독음[24] 훈음[24] 필순[2] • 출제문항 : 50 → 합격문항 : 35	초등 1학년
	7급	150	없음	• 한자 학습의 첫걸음을 내딛는 사람을 위한 급수 • 독음[32] 훈음[30] 완성형[2] 반의어[2] 뜻풀이[2] 필순[2] • 출제문항 : 70 → 합격문항 : 49	초등 2학년
	6급 Ⅱ	300	50	• 준6급이라 하며, 한자 쓰기의 기본 원리를 익히는 급수 • 독음[32] 한자 쓰기[10] 훈음[29] 완성형[2] 반의어[2] 뜻풀이[2] 필순[3] • 출제문항 : 80 → 합격문항 : 56	초등 3학년
	6급	300	150	• 기초 한자 쓰기를 시작하는 급수 • 독음[33] 한자 쓰기[20] 훈음[22] 완성형[3] 반의어[3] 뜻풀이[2] 동음이의어[2] 동의어[2] 필순[3] • 출제문항 : 90 → 합격문항 : 63	초등 3학년

	급수	읽기	쓰기	수준 및 출제·합격기준	주요대상
교육급수	5급	500	300	• 학습용 한자를 본격 쓰기 시작하는 급수 • 독음[35] 한자 쓰기[20] 훈음[23] 완성형[4] 반의어[3] 뜻풀이[3] 동음이의어[3] 동의어[3] 약자[3] 필순[3] • 출제문항 : 100 → 합격문항 : 70	초등 4학년
	4급 II	750	400	• 준4급이라 하며, 5급과 4급의 격차를 완화하기 위한 급수 • 독음[35] 한자 쓰기[20] 훈음[22] 완성형[5] 반의어[3] 뜻풀이[3] 동음이의어[3] 부수[3] 동의어[3] 약자[3] • 출제문항 : 100 → 합격문항 : 70	초등 5학년
	4급	1,000	500	• 초급에서 중급으로 올라가는 급수 • 독음[32] 한자 쓰기[20] 훈음[22] 완성형[5] 반의어[3] 뜻풀이[3] 동음이의어[3] 부수[3] 동의어[3] 장단음[3] 약자[3] • 출제문항 : 100 → 합격문항 : 70	초등 6학년
공인급수	3급 II	1,500	750	• 준3급이라 하며, 4급과 3급의 격차를 완화하기 위한 급수 • 독음[45] 한자 쓰기[30] 훈음[27] 완성형[10] 반의어[10] 뜻풀이[5] 동음이의어[5] 부수[5] 동의어[5] 장단음[5] 약자[3] • 출제문항 : 150 → 합격문항 : 105	중학생
	3급	1,817	1,000	• 신문 또는 일반 한자 교양어를 읽을 수 있는 수준 • 독음[45] 한자 쓰기[30] 훈음[27] 완성형[10] 반의어[10] 뜻풀이[5] 동음이의어[5] 부수[5] 동의어[5] 장단음[5] 약자[3] • 출제문항 : 150 → 합격문항 : 105	고등학생
	2급	2,355	1,817	• 일상 한자어를 구사할 수 있는 수준 • 독음[45] 한자 쓰기[30] 훈음[27] 완성형[10] 반의어[10] 뜻풀이[5] 동음이의어[5] 부수[5] 동의어[5] 장단음[5] 약자[3] • 출제문항 : 150 → 합격문항 : 105	대학생 일반인
	1급	3,500	2,005	• 국한문 혼용 고전을 불편 없이 읽고, 연구할 수 있는 수준 • 독음[50] 한자 쓰기[40] 훈음[32] 완성형[15] 반의어[10] 뜻풀이[10] 동음이의어[10] 부수[10] 동의어[10] 장단음[10] 약자[3] • 출제문항 : 200 → 합격문항 : 160	전문가 교양인

● 출제 기준표는 기본 지침 자료로서 출제자의 의도에 따라 차이가 있을 수 있습니다.

● 기 타

시험 일정, 접수 방법, 응시료, 합격자 발표 등 한자능력검정시험에 대한 보다 구체적인 사항은 〈한국어문회〉 홈페이지 (www.hanja.re.kr)에서 확인할 수 있습니다.

이 책은 이렇게 학습하세요

1 해당 급수 신습한자를 50자씩 가나다순으로 배열하여 한눈에 익히도록 하였습니다.
   • 본문 학습 후 먼저 뜻과 음 부분을 가린 후 읽기를 점검하세요.
   • 한자의 뜻과 음을 익히고 나면 한자 부분을 가린 후 쓰기를 점검하세요.

❷읽기	❸한자	❹부수	뜻	❻음	쓰기	읽기	한자	부수	뜻	음	쓰기
1 2	校	木	학교	교	1 2	1 2	先	儿	먼저	선	1 2
	敎	攵	가르칠	교			小	小	작을	소	

❶ 8 : 한자능력검정시험 급수 표시

❷ 1 2 : 첫 번째 점검 후 틀린 글자는 번호 1 란에 표시를 하여 완전히 익히도록 하고, 두 번째 점검은 번호 1 란에 표시된 글자만 하고, 틀린 글자는 번호 2 란에 표시를 하여 완전히 익히도록 합니다. 다음 학습시에는 표시된 글자 위주로 읽기, 쓰기를 합니다.

❸ 校 : 신습한자   ❹ 木 : 부수   ❺ 학교 : 뜻   ❻ 교 : 음

2 1회 학습량은 10자 단위로 구성하였습니다.

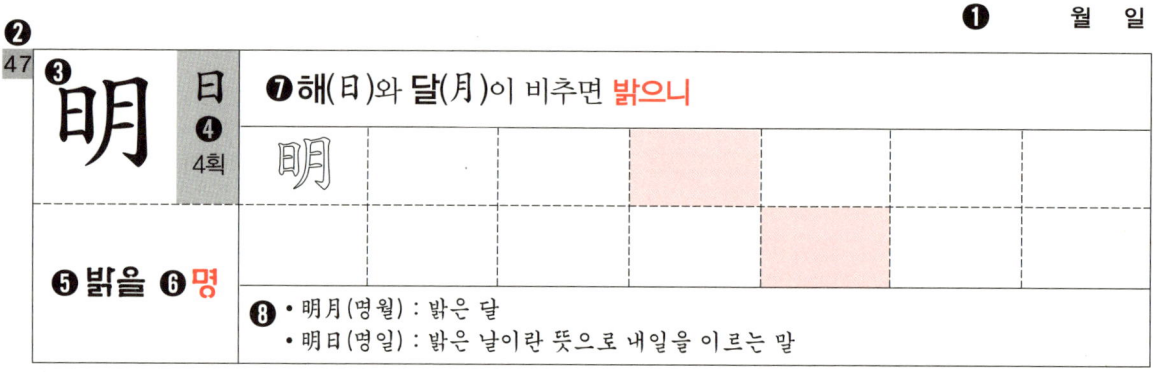

❶ 월 일 : 학습한 월 일을 기록하여 체계적으로 공부하세요.

❷ 47 : 신습한자 번호

❸ 明 : 신습한자

❹ 日 : 부수와 부수를 제외한 획수
  4획

❺ 밝을 : 뜻

❻ 명 : 음

❼ 해(日)와 달(月)이 비추면 **밝으니** : 글자를 나누어 필순대로 풀이했습니다.

➡ 한자는 무조건 쓰고 외우기보다는 '日(해 일)과 月(달 월)'이 모여 왜 明(밝을 명)이 되었는지 자원을 완전히 이해한 후 읽으면서 써야 오래 기억됩니다.

❽ 明日(명일) : 배운 글자로만 단어를 구성하였으며 직역 위주로 풀이를 하였습니다.

3 자원으로 한자와 부수를 익히는 부분입니다.

> **자원으로 한자 알기**
>
> * 해(日)와 달(月)이 비추면 밝으니 ☞ 明
> * 문(門)에 귀(　)를 대고 들으니 ☞
> * 문(門)에 대고 입(　) 벌려 물으니 ☞
> * 사람(　)이 나무(木)에 기대어 쉬니 ☞

(　) 안에 들어가는 日(해 일)이 明(밝을 명)의 부수입니다.

(　) 안에 부수 日을 쓰고 ☞ 오른쪽에 한자 明을 쓰세요.

예시 해(日)와 달(月)이 비추면 밝으니 ☞ 明

4 심화 학습하는 부분입니다.

一思多得

5. 車(수레 거, 차 차) 음에 주의하세요.

사람의 힘으로 움직이는 것은............................**수레 거**

　人力車(인력거) : 사람의 힘으로 끄는 수레

사람의 힘을 이용하지 않고 동력을 이용하는 것은 ....**차 차**

　自動車(자동차) : 원동기를 장치하여 그 동력으로 바퀴를 굴려서 움직이는 차

5 문제와 해답

다양한 형식의 문제들에 대한 해답은 해당 문제의 앞뒤 페이지나 위아래에 위치한 반대 유형의 문제를 참고하시면 됩니다.

차례

- 안녕하세요? 박두수입니다 • 4
- 한자를 쉽게 익히는 법 • 6
- 그래서 이렇게 만들었어요 • 7
- 한자능력검정시험에 대하여 • 8
- 이 책은 이렇게 학습하세요 • 10

본문 익히기 13

- 5급 신습한자 일람표
- 자원으로 한자 알기
- 한자를 나누고 자원을 쓰면서 익히기
- 한자어 독음 및 한자 쓰기
- 예문으로 어휘 익히기

종합평가 155

- 5급 한자 훈음 및 한자 쓰기
- 배우고 익히기
- 교과서 주요 어휘 익히기

부록 169

- 반대자
- 반의어
- 유의자
- 동음이의어
- 사자성어
- 약자

본문 익히기

5-1 신습한자

한자	부수	뜻	음
加	力	더할	가
價	亻	값	가
可	口	옳을	가
改	攵	고칠	개
客	宀	손	객
去	厶	갈	거
擧	手	들	거
件	亻	물건	건
建	廴	세울	건
健	亻	건강할	건
格	木	격식	격
見	見	볼	견
決	氵	결단할	결
結	糸	맺을	결
景	日	경치	경
敬	攵	공경	경
輕	車	가벼울	경
競	立	다툴	경
固	口	굳을	고
告	口	고할	고
考	耂	생각할	고
曲	曰	굽을	곡
課	言	공부할	과
過	辶	지날	과
觀	見	볼	관

한자	부수	뜻	음
關	門	빗장	관
廣	广	넓을	광
橋	木	다리	교
具	八	갖출	구
救	攵	구원할	구
舊	臼	예	구
局	尸	판	국
貴	貝	귀할	귀
規	見	법	규
給	糸	줄	급
基	土	터	기
期	月	기약할	기
技	扌	제주	기
己	己	몸	기
汽	氵	김	기
吉	口	길할	길
念	心	생각	념
能	月	능할	능
團	囗	둥글	단
壇	土	단	단
談	言	말씀	담
當	田	마땅	당
德	彳	덕	덕
到	刂	이를	도
島	山	섬	도

5-2 신습한자

읽기 1	읽기 2	한자	부수	뜻	음	쓰기 1	쓰기 2
		都	阝	도읍	도		
		獨	犭	홀로	독		
		落	艹	떨어질	락		
		朗	月	밝을	랑		
		冷	冫	찰	랭		
		量	里	헤아릴	량		
		良	艮	어질	량		
		旅	方	나그네	려		
		歷	止	지낼	력		
		練	糸	익힐	련		
		令	人	명령할	령		
		領	頁	거느릴	령		
		勞	力	일할	로		
		料	斗	헤아릴	료		
		流	氵	흐를	류		
		類	頁	무리	류		
		陸	阝	뭍	륙		
		馬	馬	말	마		
		末	木	끝	말		
		亡	亠	망할	망		
		望	月	바랄	망		
		買	貝	살	매		
		賣	貝	팔	매		
		無	灬	없을	무		
		倍	亻	곱	배		

읽기 1	읽기 2	한자	부수	뜻	음	쓰기 1	쓰기 2
		法	氵	법	법		
		變	言	변할	변		
		兵	八	병사	병		
		福	示	복	복		
		奉	大	받들	봉		
		比	比	견줄	비		
		費	貝	쓸	비		
		鼻	鼻	코	비		
		氷	水	얼음	빙		
		士	士	선비	사		
		仕	亻	섬길	사		
		史	口	역사	사		
		寫	宀	베낄	사		
		思	心	생각	사		
		查	木	조사할	사		
		産	生	낳을	산		
		賞	貝	상줄	상		
		商	口	장사	상		
		相	目	서로	상		
		序	广	차례	서		
		仙	亻	신선	선		
		善	口	착할	선		
		選	辶	가릴	선		
		船	舟	배	선		
		鮮	魚	고울	선		

신습한자 15

5-3 신습한자

읽기 1	읽기 2	한자	부수	뜻	음	쓰기 1	쓰기 2
		說	言	말씀	설		
		性	忄	성품	성		
		洗	氵	씻을	세		
		歲	止	해	세		
		束	木	묶을	속		
		首	首	머리	수		
		宿	宀	잘	숙		
		順	頁	순할	순		
		示	示	보일	시		
		識	言	알	식		
		臣	臣	신하	신		
		實	宀	열매	실		
		兒	儿	아이	아		
		惡	心	악할	악		
		案	木	책상	안		
		約	糸	맺을	약		
		養	食	기를	양		
		魚	魚	물고기	어		
		漁	氵	고기 잡을	어		
		億	亻	억	억		
		熱	灬	더울	열		
		葉	艹	잎	엽		
		屋	尸	집	옥		
		完	宀	완전할	완		
		曜	日	빛날	요		

읽기 1	읽기 2	한자	부수	뜻	음	쓰기 1	쓰기 2
		要	襾	중요할	요		
		浴	氵	목욕할	욕		
		友	又	벗	우		
		牛	牛	소	우		
		雨	雨	비	우		
		雲	雨	구름	운		
		雄	隹	수컷	웅		
		元	儿	으뜸	원		
		院	阝	집	원		
		原	厂	근원	원		
		願	頁	원할	원		
		位	亻	자리	위		
		偉	亻	클	위		
		以	人	써	이		
		耳	耳	귀	이		
		因	囗	의지할	인		
		任	亻	맡길	임		
		再	冂	두	재		
		材	木	재목	재		
		財	貝	재물	재		
		災	火	재앙	재		
		爭	爫	다툴	쟁		
		貯	貝	쌓을	저		
		的	白	과녁	적		
		赤	赤	붉을	적		

5-4 신습한자

읽기 1	읽기 2	한자	부수	뜻	음	쓰기 1	쓰기 2
		傳	亻	전할	전		
		典	八	법	전		
		展	尸	펼	전		
		切	刀	끊을	절		
		節	竹	마디	절		
		店	广	가게	점		
		停	亻	머무를	정		
		情	忄	뜻	정		
		調	言	고를	조		
		操	扌	잡을	조		
		卒	十	마칠	졸		
		種	禾	씨	종		
		終	糸	마칠	종		
		罪	罒	허물	죄		
		週	辶	주일	주		
		州	川	고을	주		
		止	止	그칠	지		
		知	矢	알	지		
		質	貝	바탕	질		
		着	目	붙을	착		
		參	厶	참여할	참		
		唱	口	부를	창		
		責	貝	꾸짖을	책		
		鐵	金	쇠	철		
		初	刀	처음	초		

읽기 1	읽기 2	한자	부수	뜻	음	쓰기 1	쓰기 2
		最	日	가장	최		
		祝	示	빌	축		
		充	儿	가득할	충		
		致	至	이룰	치		
		則	刂	법칙	칙		
		他	亻	다를	타		
		打	扌	칠	타		
		卓	十	높을	탁		
		炭	火	숯	탄		
		宅	宀	집	택		
		板	木	널빤지	판		
		敗	攵	패할	패		
		品	口	물건	품		
		必	心	반드시	필		
		筆	竹	붓	필		
		河	氵	강	하		
		寒	宀	찰	한		
		害	宀	해할	해		
		許	言	허락할	허		
		湖	氵	호수	호		
		化	匕	변화할	화		
		患	心	근심	환		
		效	攵	본받을	효		
		凶	凵	흉할	흉		
		黑	黑	검을	흑		

월   일

1	加	力	힘(力)내려고 입(口)에 음식을 **더하니**						
		3획	加						
	더할	가							
			• 加重(가중) : 더 무겁게 함 • 加工(가공) : 제품을 만들기 위해 원료에 인공을 더함						

2	價	亻	사람(亻)이 장사(賈)할 때 부르는 **값**						
		13획	價						
	값	가							
			*賈(장사 고) : 물건을 덮어(襾) 쌓아 두고 돈(貝)을 받으며 장사하니 • 高價(고가) : 비싼 값						

3	可	口	장정(丁)처럼 씩씩하게 입(口)으로 말함이 **옳으니**						
		2획	可						
	옳을 허락할	가							
			*丁(장정 정) : 하나(一)의 갈고리(亅)처럼 굳센 장정 • 不可(불가) : 옳지 않음						

4	改	攵	몸(己)을 쳐(攵) 잘못을 **고치니**						
		3획	改						
	고칠	개							
			• 改名(개명) : 이름을 고침 • 改正(개정) : 고쳐 바르게 함						

자원으로 한자 알기

* 힘(力)내려고 입(口)에 음식을 **더하니** ☞ 加

* 사람(   )이 장사(賈)할 때 부르는 **값** ☞

* 장정(丁)처럼 씩씩하게 입(   )으로 말함이 **옳으니** ☞

* 몸(己)을 쳐(   ) 잘못을 **고치니** ☞

월   일

5	客	宀 6획	집(宀)에 각각(各) 오신 손님
			客
	손	객	• 客席(객석) : 손님이 앉는 자리 • 客室(객실) : 손님을 거처하게 하거나 응접하는 방

6	去	厶 3획	땅(土)에 사사로이(厶) 침범한 적을 가 없애니
			去
	갈 없앨	거	• 去年(거년) : 지난 해 • 去來(거래) : 돈이나 물건이 오고 감

7	擧	手 14획	더불어(與) 손(手)을 드니
			擧
	들	거	*與(더불 여) : 절구(𦥑) 하나(一)와 싸여(勹) 있는 공이(丨) 하나(一)를 나누어(八) 더불어 드니 • 擧手(거수) : 손을 들어 올림

8	件	亻 4획	사람(亻)에게 소(牛)는 중요한 물건이니
			件
	물건 사건	건	• 物件(물건) : 일정한 형체를 갖춘 모든 물질적 대상 • 用件(용건) : 볼일

자원으로 한자 알기

* 집(   )에 각각(各) 오신 손님   ☞

* 땅(土)에 사사로이(   ) 침범한 적을 가 없애니   ☞

* 더불어(與) 손(   )을 드니   ☞

* 사람(   )에게 소(牛)는 중요한 물건이니   ☞

본문 익히기 19

월   일

9	建	廴	붓(聿)을 끌어(廴) 계획을 세우니
		6획	建
	세울 건		• 建國(건국) : 나라를 세움 • 建立(건립) : 건물, 기념비, 동상 따위를 만들어 세움

10	健	亻	사람(亻)은 몸을 바로 세워야(建) 건강하니
		9획	健
	건강할 건		• 健勝(건승) : 탈 없이 건강함 • 健全(건전) : 건강하고 온전함

자원으로 한자 알기

* 붓(聿)을 끌어(   ) 계획을 세우니
* 사람(   )은 몸을 바로 세워야(建) 건강하니

一思多得

禾	+	口	=	和(화할 화)	벼(禾)를 수확하여 여럿이 나누어 입(口)으로 먹으면 화목하니
力	+		=	加(더할 가)	힘(力)내려고 입(口)에 음식을 더하니

亻	+	乍	=	作(지을 작)	사람(亻)이 잠깐(乍)도 쉬지 않고 일하여 새로운 것을 지어내니
	+	牛	=	件(물건 건)	사람(亻)에게 소(牛)는 중요한 물건이니
	+	建	=	健(건강할 건)	사람(亻)은 몸을 바로 세워야(建) 건강하니

다음 漢字를 나누고 자원을 쓰면서 익히세요.

월　　　일

加 (더할 가) = 力 (힘 력) + 口 (입 구)　　힘(力)내려고 입(口)에 음식을 더하니

價 (값 가) = ＿ + ＿

可 (옳을 가) = ＿ + ＿

改 (고칠 개) = ＿ + ＿

客 (손 객) = ＿ + ＿

去 (갈 거) = ＿ + ＿

擧 (들 거) = ＿ + ＿

件 (물건 건) = ＿ + ＿

建 (세울 건) = ＿ + ＿

健 (건강할 건) = ＿ + ＿

본문 익히기 21

다음 漢字語의 讀音을 쓰세요.　　　　　　　　　　　　　　월　　일

加重	加工	高價	不可
改名	改正	客席	客室
去年	去來	擧手	物件
用件	建國	建立	健勝
健全			

 다음 漢字語를 漢字로 쓰세요.

더할 가　무거울 중	높을 고　값 가	아닐 불　옳을 가	고칠 개　이름 명
손 객　자리 석	갈 거　해 년	들 거　손 수	물건 물　물건 건
세울 건　나라 국	건강할 건　이길 승	더할 가　만들 공	고칠 개　바를 정
손 객　방 실	갈 거　올 래	쓸 용　사건 건	세울 건　설 립
건강할 건　온전할 전			

예문으로 어휘 익히기(漢字로 쓰인 단어의 뜻을 써보세요.)   월   일

01 같은 죄를 거듭하여 저지르면 형벌을 加重한다. (더 무겁게 함)

02 통조림은 加工식품이다.

03 김 화백의 그림이 高價로 팔렸다.

04 미성년자 입장 不可

05 일제 강점기에 많은 사람이 일본식 이름으로 改名을 했다.

06 문서의 잘못된 부분을 改正하였다.

07 연극이 끝난 후 客席은 텅 비었다.

08 찾아온 손님을 客室로 모시다.

09 내 去年에도 이곳에 왔었소만, 백성들의 원성이 대단합니다.

10 장사꾼들은 물건 去來가 없어 불경기라고 아우성친다.

11 이 안건에 찬성하는 분은 擧手로 의사를 표시해 주시기 바랍니다.

12 物件을 탐내다.

13 시간이 없으니 用件만 짧게 말하겠습니다.

14 고구려 유민은 대조영을 중심으로 만주 지방에서 발해를 建國하였다.

15 동상 建立을 위해 기금을 모으고 있다.

16 여러분의 健勝을 빕니다.

17 건강한 신체에 健全한 정신이 깃든다.

월   일

11	格 木 6획	나무(木)를 각각(各) 격식에 맞게 사용하니
		格
격식	격	• 格式(격식) : 격에 맞는 일정한 방식 • 格言(격언) : 교훈이 될 만한 짧은 말

12	見 見 0획	눈(目)으로 걸어(儿) 다니며 보니
		見
볼 견해 뵈올	견 현	• 見本(견본) : 본보기 상품 • 意見(의견) : 어떤 대상에 대하여 가지는 생각

13	決 氵 4획	물(氵) 흐르듯 마음을 터놓고(夬) 결단하여 정하니
		決
결단할 정할	결	* 夬(터질 쾌) : 央(가운데 앙)에서 한쪽이 터져 있는 모양 • 決定(결정) : 결단하여 정함

14	結 糸 6획	실(糸)을 선비(士)가 입(口)에 물고 단단히 맺으니
		結
맺을	결	• 結合(결합) : 맺어서 합함 • 結果(결과) : 열매를 맺음 또는 어떤 원인으로 결말이 생김

자원으로 한자 알기

* 나무(   )를 각각(各) 격식에 맞게 사용하니

* 눈(目)으로 걸어(儿) 다니며 보니

* 물(   ) 흐르듯 마음을 터놓고(夬) 결단하여 정하니

* 실(   )을 선비(士)가 입(口)에 물고 단단히 맺으니

15 景 8획 경치 경	日	해(日)가 뜬 서울(京)의 **경치**
	景	
		• 風景(풍경) : 경치 • 雪景(설경) : 눈이 쌓인 경치

16 敬 9획 공경 경	攵	진실하게(茍) 살라고 **치는**(攵) 사람을 **공경하니**
	敬	
		* 茍(진실로 구) : 비록 풀(艹)만 먹어도 글귀(句)를 읽으며 진실하게 사니 • 敬老(경로) : 노인을 공경함

17 輕 7획 가벼울 경	車	수레(車)가 물줄기(巠) 흐르듯 **가볍게** 굴러가니
	輕	
		* 巠(물줄기 경) : 한(一) 냇물(巛)이 흘러가며 만들(工)어진 물줄기 • 輕重(경중) : 가벼움과 무거움

18 競 15획 다툴 경	立	서(立) 형(兄) 둘이 **다투니**
	競	
		• 競合(경합) : 서로 맞서 겨룸 • 競走(경주) : 일정한 거리를 정하고 달리기를 다툼

자원으로 한자 알기

* 해(　)가 뜬 서울(京)의 **경치**

* 진실하게(茍) 살라고 치는(　) 사람을 **공경하니**

* 수레(　)가 물줄기(巠) 흐르듯 **가볍게** 굴러가니

* 서(　) 형(兄) 둘이 **다투니**

19 固 굳을 고	口 5획	울타리(口)를 치고 오랫동안(古) 굳게 지키니
		固
		• 固體(고체) : 일정한 모양과 부피를 가진 물체 • 固定(고정) : 일정한 곳에 있어 움직이지 않음

20 告 고할 알릴 고	口 4획	소(牛)를 제물로 바치고 입(口)으로 소원을 고하여 알리니
		告
		• 公告(공고) : 세상에 널리 알림 • 告示(고시) : 글로 써서 게시하여 알림

자원으로 한자 알기

* 울타리(　)를 치고 오랫동안(古) 굳게 지키니
* 소(牛)를 제물로 바치고 입(　)으로 소원을 고하여 알리니

一思多得

	+	氏	=	紙(종이 지)	섬유질 실(糸)을 뿌리(氏)처럼 얽혀 만든 **종이**
	+	及	=	級(등급 급)	실(糸)의 품질이 어디까지 미치느냐(及) 따지는 **등급**
糸	+	彔	=	綠(푸를 록)	실(糸)로 무늬를 새겨(彔) **푸르니**
	+	泉	=	線(줄 선)	실(糸)을 샘(泉)물처럼 길게 이어 놓은 **줄**
	+	士 口	=	結(맺을 결)	실(糸)을 선비(士)가 입(口)에 물고 단단히 **맺으니**

	+	儿	=	先(먼저 선)	소(牛)가 걷는 사람(儿)보다 앞장서 **먼저** 가니
牛	+	口	=	告(고할 고)	소(牛)를 제물로 바치고 입(口)으로 소원을 **고하여 알리니**

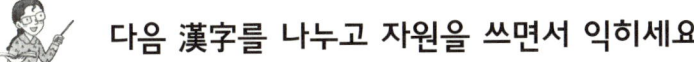

月　일

格 격식 격 = ＋

見 볼 견 = ＋

決 결단할 결 = ＋

結 맺을 결 = ＋ ＋

景 경치 경 = ＋

敬 공경 경 = ＋

輕 가벼울 경 = ＋

競 다툴 경 = ＋

固 굳을 고 = ＋

告 고할 고 = ＋

본문 익히기 27

다음 漢字語의 讀音을 쓰세요.   월   일

格式   格言   見本   意見

決定   結合   結果   風景

雪景   敬老   輕重   競合

競走   固體   固定   公告

告示

 다음 漢字語를 漢字로 쓰세요.

격식 격   법 식   보일 견   근본 본   결단할 결   정할 정   맺을 결   합할 합

경치 풍   경치 경   공경 경   늙을 로   가벼울 경   무거울 중   다툴 경   합할 합

굳을 고   몸 체   공평할 공   알릴 고   격식 격   말씀 언   뜻 의   견해 견

맺을 결   열매 과   눈 설   경치 경   다툴 경   달릴 주   굳을 고   정할 정

알릴 고   보일 시

예문으로 어휘 익히기(漢字로 쓰인 단어의 뜻을 써보세요.)

01 웃어른께는 **格式**에 맞추어 편지를 써야 한다.

02 '시간은 금이다' 라는 말은 시간의 소중함을 가르치는 **格言**이다.

03 그는 **見本**을 보고 물건을 샀다.

04 여러 친구들의 **意見**을 들어보자.

05 생각을 깊게 하고 **決定**을 내려라.

06 물은 산소와 수소의 **結合**으로 이루어진다.

07 열심히 노력하더니 **結果**가 좋다.

08 단풍이 곱게 물든 시골의 **風景**은 한 폭의 그림처럼 보였다.

09 천지를 뒤덮은 새하얀 **雪景**이 보면 볼수록 아름답다.

10 요즘 **敬老**정신이 사라지고 있다.

11 죄의 **輕重**에 따라 죄인을 처벌하다.

12 올림픽 유치를 두고 두 도시가 치열한 **競合**을 벌이고 있다.

13 그는 오래달리기 **競走**에서 우승을 하였다.

14 물은 액체이고, 얼음은 **固體**이다.

15 작은 못으로 박아 벽에 **固定**시켰다.

16 복도엔 학기말 고사 **公告**가 나붙었다.

17 합격자를 게시판에 **告示**하였다.

21	考	耂	늙은(耂)이가 다섯(5) 번이나 **생각하니**					
		2획	考					
	생각할	고	• 小考(소고) : 체계를 세우지 않은 부분적인 고찰 • 考古(고고) : 옛 유물, 유적으로 고대의 사실을 연구함					

22	曲	曰	말(曰)을 위로 두 번이나 **뚫어**(丨) **굽었음을** 알리니					
		2획	曲					
	굽을 악곡	곡	• 不問曲直(불문곡직) : 옳고 그름을 가리지 않고 함부로 일을 처리함 • 名曲(명곡) : 이름난 악곡					

23	課	言	말(言)하여 **결과**(果)에 따라 **공부할** 것을 **부과하니**					
		8획	課					
	공부할 부과할	과	• 課題(과제) : 부과된 문제 • 日課(일과) : 날마다 규칙적으로 하는 일정한 일					

24	過	辶	입 비뚤어질(咼) 정도로 빨리 **뛰어**(辶) **지나가니**					
		9획	過					
	지날 잘못	과	*咼(입 비뚤어질 와) : 성(冂)의 일을 점(卜)치고 성(冂)에서 입(口) 비뚤어지게 말하니 • 過去(과거) : 지나간 때					

자원으로 한자 알기

* 늙은(　)이가 다섯(5) 번이나 **생각하니**　　　☞

* 말(　)을 위로 두 번이나 뚫어(丨) **굽었음을** 알리니　　　☞

* 말(　)하여 결과(果)에 따라 **공부할** 것을 **부과하니**　　　☞

* 입 비뚤어질(咼) 정도로 빨리 뛰어(　) **지나가니**　　　☞

월   일

25	觀	見 18획	풀(艹) 속에서 입(口)과 입(口)으로 지저귀며 새(隹)들이 보니(見)
		觀	
	볼 관		• 可觀(가관) : 볼만함 • 外觀(외관) : 겉보기

26	關	門 11획	문(門)을 작은(幺) 조각(丬)과 작은(幺) 조각(卜)으로 걸어 잠그는 빗장
		關	
	빗장 관계할 관		• 關門(관문) : 국경이나 요새의 성문 • 關心(관심) : 흥미를 가지고 마음을 쓰거나 알고 싶어 하는 상태

27	廣	广 12획	큰집(广)을 지을 정도로 누런(黃) 땅이 넓으니
		廣	
	넓을 광		• 廣告(광고) : 널리 알림 • 廣場(광장) : 넓은 마당

28	橋	木 12획	나무(木)를 높이(喬) 걸쳐 만든 다리
		橋	
	다리 교		*喬(높을 교) : 젊은이(夭)가 높이(高) 오르니 • 人道橋(인도교) : 사람이나 자동차가 다니도록 놓은 다리

자원으로 한자 알기

* 풀(艹) 속에서 입(口)과 입(口)으로 지저귀며 새(隹)들이 보니(   )

* 문(   )을 작은(幺) 조각(丬)과 작은(幺) 조각(卜)으로 걸어 잠그는 빗장

* 큰집(   )을 지을 정도로 누런(黃) 땅이 넓으니

* 나무(   )를 높이(喬) 걸쳐 만든 다리

月　　　日

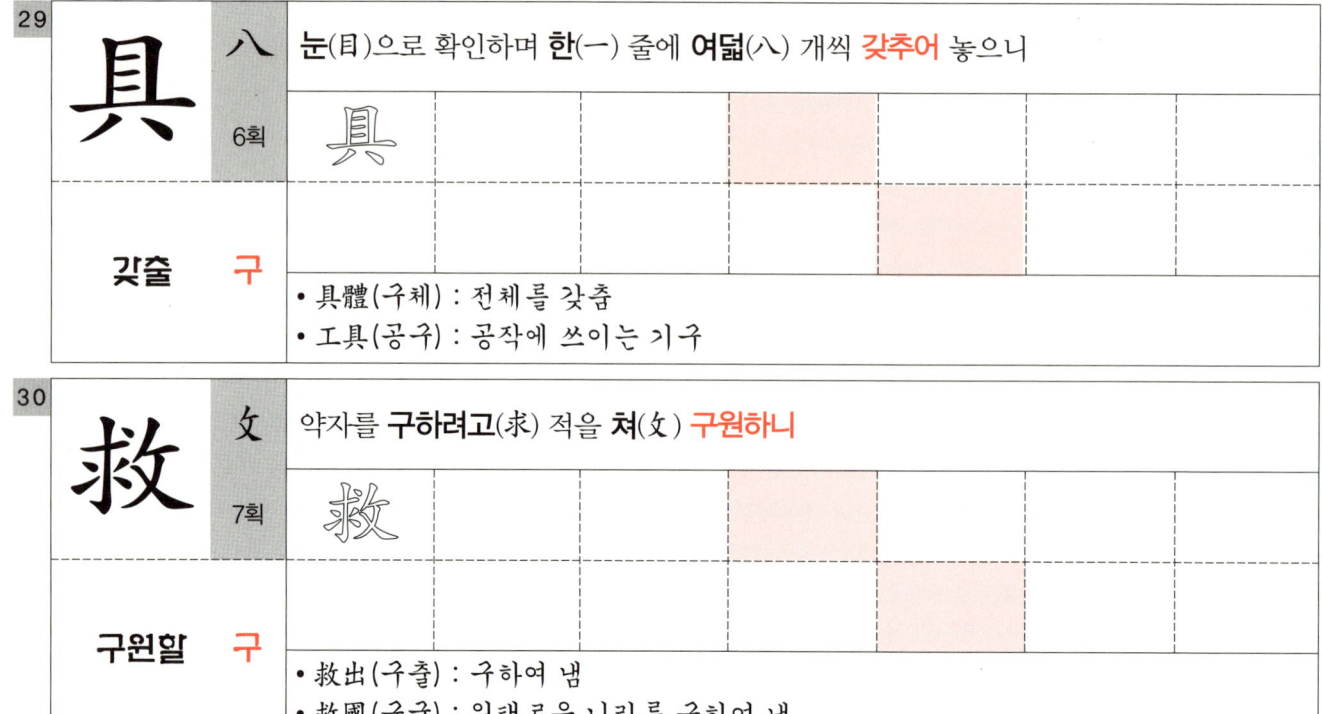

자원으로 한자 알기

* 눈(目)으로 확인하며 한(一) 줄에 여덟(　) 개씩 **갖추어** 놓으니

* 약자를 구하려고(求) 적을 쳐(　) **구원하니**

一思多得

	+	匕	=	老(늙을 로)	늙어(耂) 허리를 구부리고(匕) 있는 **늙은이**
耂	+	子	=	孝(효도 효)	늙은(耂)이를 아들(子)이 업고 **효도하니**
	+	白	=	者(놈 자)	늙고(耂) 머리가 흰(白) **사람**
	+	丂	=	考(생각할 고)	늙은(耂)이가 다섯(丂) 번이나 **생각하니**

	+	艹一又	=	度(법도 도)	큰집(广)에서 약품(艹) 한(一) 짐을 또(又) **법도**에 따라 **헤아리니**
广	+	艹一巾	=	席(자리 석)	큰집(广)에서 약품(艹) 한(一) 더미를 헝겊(巾)에 넣어 만든 **자리**
	+	丿士廴	=	庭(뜰 정)	큰집(广)에서 삐친(丿) 선비(士)를 끌고(廴) **뜰**로 나가니
	+	黃	=	廣(넓을 광)	큰집(广)을 지을 정도로 누런(黃) 땅이 **넓으니**

다음 漢字를 나누고 자원을 쓰면서 익히세요.

월   일

考 생각할 고 = ☐ + ☐

曲 굽을 곡 = ☐ + ☐

課 부과할 과 = ☐ + ☐

過 지날 과 = ☐ + ☐

觀 볼 관 = ☐ + ☐ + ☐ + ☐ + ☐

關 빗장 관 = ☐ + ☐ + ☐ + ☐ + ☐

廣 넓을 광 = ☐ + ☐

橋 다리 교 = ☐ + ☐

具 갖출 구 = ☐ + ☐ + ☐

救 구원할 구 = ☐ + ☐

본문 익히기 33

다음 漢字語의 讀音을 쓰세요.   월   일

小 考	考 古	名 曲	課 題
日 課	過 去	可 觀	外 觀
關 門	關 心	廣 告	廣 場
具 體	工 具	救 出	救 國

 다음 漢字語를 漢字로 쓰세요.

작을 소 생각할 고	이름날 명 악곡 곡	부과할 과 문제 제	지날 과 갈 거
옳을 가 볼 관	빗장 관 문 문	넓을 광 알릴 고	갖출 구 몸 체
구원할 구 날 출	생각할 고 예 고	날 일 부과할 과	바깥 외 볼 관
관계할 관 마음 심	넓을 광 마당 장	만들 공 갖출 구	구원할 구 나라 국

예문으로 어휘 익히기(漢字로 쓰인 단어의 뜻을 써보세요.)

01 향가 小考로 학위를 받았다.

02 考古 인류학은 흥미로운 학문이다.

03 그는 음악가가 되어 언제 들어도 심금을 울리는 名曲을 남기고 싶어 했다.

04 통일은 꼭 이루어야 할 민족의 課題이다.

05 학생들은 학교에서 종례를 끝으로 그날의 日課를 마친다.

06 나는 過去에 교사 생활을 한 적이 있다.

07 내장산의 단풍은 참으로 可觀이지.

08 外觀이 아름답다.

09 적을 關門에서 기다렸다.

10 선거전이 치열했던 만큼 선거 결과에 대한 국민들의 關心도 대단히 높다.

11 신문에 신제품 廣告를 하였다.

12 환영 인파가 廣場을 가득 메웠다.

13 자신의 미래 희망을 具體적으로 말해 보세요.

14 목재를 가공할 때에는 톱·장도리·곱자·대패 등 여러 가지 工具가 쓰인다.

15 물에 빠진 사람을 救出하였다.

16 백성들은 죽음을 불사하고 救國의 싸움에 온몸을 바치겠다는 각오를 새로이 했다.

월   일

31	舊	臼 12획	풀(艹) 속에 새(隹)가 절구(臼)처럼 둥지를 오랫동안 만드니
			舊
	오랠 예	구	• 親舊(친구) : 오래 두고 가깝게 사귀는 사람 • 舊式(구식) : 옛 양식이나 방식

32	局	尸 4획	지붕(尸) 밑에 구부리고(勹) 입구(口)를 낸 방
			局
	방 판	국	• 局地(국지) : 한정된 구역의 땅 • 局面(국면) : 승패를 다투는 판의 형세

33	貴	貝 5획	가운데(中) 있는 하나(一)의 조개(貝)가 귀하니
			貴
	귀할	귀	• 高貴(고귀) : 지위가 높고 귀함 • 貴族(귀족) : 가문이나 신분이 높은 사람들

34	規	見 4획	사내(夫)는 세상을 볼(見) 때 바른 법도에 따라야 하니
			規
	법	규	• 規格(규격) : 일정한 표준 • 規定(규정) : 규칙을 정함

자원으로 한자 알기

* 풀(艹) 속에 새(隹)가 절구(   )처럼 둥지를 오랫동안 만드니

* 지붕(   ) 밑에 구부리고(勹) 입구(口)를 낸 방

* 가운데(中) 있는 하나(一)의 조개(   )가 귀하니

* 사내(夫)는 세상을 볼(   ) 때 바른 법도에 따라야 하니

35	給	糸 6획	실(糸)을 합(合)하여 넉넉하게 **주니**
			給
	줄	급	• 給食(급식) : 음식을 줌 • 月給(월급) : 일을 한 대가로 달마다 받는 삯

36	基	土 8획	그(其) 땅(土)에 집 지을 **터**를 정하니
			基
	터	기	• 基本(기본) : 사물의 기초와 근본 • 基金(기금) : 어떤 목적을 위하여 모아서 준비하여 두는 자금

37	期	月 8획	그(其) 달(月)의 모양을 보고 **때를 기약하니**
			期
	때 기약할	기	• 期間(기간) : 일정한 시기의 사이 • 期待(기대) : 희망을 가지고 기약한 것을 기다림

38	技	扌 4획	손(扌)으로 일정하게 가르는(支) **재주**
			技
	재주	기	• 技術(기술) : 공예의 재주 • 長技(장기) : 가장 잘하는 재주

자원으로 한자 알기

* 실(　　)을 합(合)하여 넉넉하게 **주니**　　☞

* 그(其) 땅(　　)에 집 지을 **터**를 정하니　　☞

* 그(其) 달(　　)의 모양을 보고 **때를 기약하니**　　☞

* 손(　　)으로 일정하게 가르는(支) **재주**　　☞

월   일

39	己	己	무릎 꿇고 큰절하는 **몸**의 모양					
		0획	己					
	몸	기	• 自己(자기) : 그 사람 자신 • 利己(이기) : 자기 자신의 이익만을 꾀함					
40	汽	氵	물(氵)이 뜨거운 **기운**(气)을 받으면 생기는 **김**					
		4획	汽					
	김	기	• 汽力(기력) : 증기의 힘 • 汽車(기차) : 증기기관을 원동력으로 하여 궤도 위를 운행하는 차량					

자원으로 한자 알기

* 무릎 꿇고 큰절하는 **몸**의 모양　　　　　　　　　　　　　　　　☞
* 물(　　)이 뜨거운 기운(气)을 받으면 생기는 **김**　　　　　　　☞

一思多得

	+	工	=	江(강 강)	물(氵)이 모여서 만들어진(工) **강**
	+	同	=	洞(마을 동)	물(氵)을 같이(同) 마시고 사는 **마을**
	+	每	=	海(바다 해)	물(氵)이 마르지 않고 매양(每) 있는 **바다**
	+	舌	=	活(살 활)	물(氵)기가 혀(舌)에 있어야 **사니**
氵	+	小 月	=	消(사라질 소)	물(氵) 속으로 작은(小) 달(月)이 **사라지니**
	+	囚 皿	=	溫(따뜻할 온)	물(氵)을 죄인(囚)에게도 그릇(皿)에 떠주니 마음이 **따뜻하다**.
	+	由	=	油(기름 유)	물(氵) 같은 것을 곡식이나 나무 열매로 말미암아(由) 짜낸 **기름**
	+	主	=	注(부을 주)	(氵)을 주(主)로 **부으니**
	+	靑	=	淸(맑을 청)	물(氵)의 색이 푸르러(靑) **맑고 깨끗하니**
	+	气	=	汽(김 기)	물(氵)이 뜨거운 기운(气)을 받으면 생기는 **김**

다음 漢字를 나누고 자원을 쓰면서 익히세요.

월   일

舊 오랠 구	=		+		+		
局 방 국	=		+		+		
貴 귀할 귀	=		+		+		
規 법 규	=		+				
給 줄 급	=		+				
基 터 기	=		+				
期 기약할 기	=		+				
技 재주 기	=		+				
己 몸 기	=						
汽 김 기	=		+				

본문 익히기 39

다음 漢字語의 讀音을 쓰세요.　　　　　　　　　　　　　　월　　일

親舊	舊式	局地	局面
高貴	貴族	規格	規定
給食	月給	基本	基金
期間	期待	技術	長技
自己	利己	汽力	汽車

 다음 漢字語를 漢字로 쓰세요.

친할 친　오랠 구	판 국　땅 지	높을 고　귀할 귀	법 규　격식 격
줄 급　밥 식	터 기　근본 본	때 기　사이 간	재주 기　재주 술
자기 자　몸 기	김 기　힘 력	예 구　법 식	판 국　모양 면
귀할 귀　겨레 족	법 규　정할 정	달 월　줄 급	터 기　돈 금
기약할 기　기다릴 대	좋을 장　재주 기	이로울 리　몸 기	김 기　차 차

예문으로 어휘 익히기(漢字로 쓰인 단어의 뜻을 써보세요.)

월   일

01 그는 나의 둘도 없는 **親舊**다.

02 그는 낡고 무거운 **舊式**의 커다란 가죽 가방을 항상 옆구리에 끼고 다닌다.

03 **局地**적으로 비가 내리다.

04 새로운 **局面**으로 접어들었다.

05 호국 영령들의 **高貴**한 희생정신을 기리다.

06 그는 왕실로부터 후작의 작위를 받은 **貴族**이다.

07 **規格**에 맞추다.

08 대회의 **規定**에 따라 금지 약물을 복용한 선수는 탈락하였다.

09 우리 학교에서는 **給食**을 실시하고 있다.

10 **月給**을 받다.

11 무슨 일을 하든지 **基本**이 충실해야 발전할 수 있다.

12 이번에 모은 돈은 장학 사업을 위한 **基金**으로 사용할 예정이다.

13 날씨가 건조한 가을은 불조심 강조 **期間**이다.

14 그는 부모님의 **期待**에 어긋나지 않는 아들이었다.

15 그는 **技術**을 연마하기 위해 노력했다.

16 그의 **長技**는 뭐니 뭐니 해도 명창에 비길 만한 소리이다.

17 성공한 사람은 **自己** 일에 항상 최선을 다한다.

18 요즘은 **利己**적인 사람이 많다.

19 증기의 힘을 **汽力**이라고 합니다.

20 **汽車**가 철도 위를 달린다.

41	吉	口 3획	선비(士)가 입(口)으로 **좋은** 말을 하니						
			吉						
	길할	길	• 吉日(길일) : 좋은 날 • 立春大吉(입춘대길) : 입춘을 맞이하여 길운을 기원하는 글						

42	念	心 4획	지금(今)까지 마음(心)에 담아두고 **생각**하니						
			念						
	생각	념	• 信念(신념) : 굳게 믿는 마음 • 記念(기념) : 어떤 뜻 깊은 일에 대하여 잊지 아니하고 마음에 간직함						

43	能	月 6획	내(厶) 몸(月)은 비수(匕)와 비수(匕)를 **능히** 다루니						
			能						
	능할	능	• 萬能(만능) : 모든 일에 능숙함 • 能力(능력) : 일을 감당해내는 힘						

44	團	口 11획	울타리(口) 안에 수레(車)를 규칙(寸)에 따라 **둥글게 모으니**						
			團						
	둥글 모을	단	• 集團(집단) : 모임 • 團結(단결) : 많은 사람이 한 마음으로 뭉침						

자원으로 한자 알기

* 선비(士)가 입(　　)으로 **좋은** 말을 하니　　　☞

* 지금(今)까지 마음(　　)에 담아두고 **생각**하니　　　☞

* 내(厶) 몸(　　)은 비수(匕)와 비수(匕)를 **능히** 다루니　　　☞

* 울타리(　　) 안에 수레(車)를 규칙(寸)에 따라 **둥글게 모으니**　　　☞

월   일

45	壇	土 13획	흙(土)을 높이(亶) 쌓아 만든 **단**
		壇	
	단	단	*亶(높을 단) : 머리(亠) 위를 도는(回) 아침(旦) 해가 높으니 • 壇上(단상) : 교단이나 강단 따위의 위

46	談	言 8획	**말**(言)을 **불꽃**(炎)처럼 따뜻하게 하니
		談	
	말씀	담	*炎(불꽃 염) : 불(火)과 불(火)이 겹쳐 덥게 타오르는 불꽃 • 面談(면담) : 얼굴을 마주 대하고 이야기 함

47	當	田 8획	높은(尙) 곳에 **밭**(田)농사를 짓는 것이 **마땅하니**
		當	
	마땅	당	• 當然(당연) : 도리 상 마땅히 해야 할 일 • 當番(당번) : 어떤 일을 책임지고 돌보는 차례가 됨

48	德	彳 12획	**걸어**(彳)가 **열**(十) 개의 **법망**(罒)보다는 **하나**(一)의 **덕스러운 마음**(心)으로 다스리니
		德	
	덕	덕	• 美德(미덕) : 아름다운 덕행 • 德談(덕담) : 잘 되기를 비는 말

자원으로 한자 알기

* 흙(   )을 높이(亶) 쌓아 만든 **단**   ☞

* **말**(   )을 불꽃(炎)처럼 따뜻하게 하니   ☞

* 높은(尙) 곳에 밭(   )농사를 짓는 것이 **마땅하니**   ☞

* 걸어(   )가 열(十) 개의 법망(罒)보다는 하나(一)의 **덕스러운** 마음(心)으로 다스리니   ☞

49	到	刂 6획	하나(一)같이 사사로이(厶) 땅(土)에 칼(刂)을 들고 이르니
		到	
	이를	도	• 到來(도래) : 이르러서 옴 • 當到(당도) : 어떠한 곳이나 일에 이름

50	島	山 7획	새(鳥)가 산(山)이 있는 섬에서 쉬어가니
		島	
	섬	도	• 島民(도민) : 섬에 사는 사람 • 半島(반도) : 삼면이 바다에 싸이고 한 면은 육지에 이어진 땅

자원으로 한자 알기

* 하나(一)같이 사사로이(厶) 땅(土)에 칼(   )을 들고 이르니   ☞
* 새(鳥)가 산(   )이 있는 섬에서 쉬어가니   ☞

一思多得

	+	己	=	記(기록할 기)	말(言) 중에 몸(己)이 되는 핵심만 기록하니
	+	舌	=	話(말씀 화)	말(言)을 혀(舌)를 움직여 하니
	+	十	=	計(셀 계)	말(言)하여 열(十) 개씩 세니
言	+	賣	=	讀(읽을 독)	말(言)하여 외쳐 물건을 팔(賣) 듯 소리 내어 읽으니
	+	川	=	訓(가르칠 훈)	말(言)을 냇물(川)이 흐르듯 자연스럽게 하여 가르치니
	+	果	=	課(부과할 과)	말(言)하여 결과(果)에 따라 공부할 것을 부과하니
	+	炎	=	談(말씀 담)	말(言)을 불꽃(炎)처럼 따뜻하게 하니

	+	土	=	堂(집 당)	높게(尚) 땅(土)에 지은 집
尚	+	田	=	當(마땅 당)	높은(尚) 곳에 밭(田)농사를 짓는 것이 마땅하니

다음 漢字를 나누고 자원을 쓰면서 익히세요.

월   일

吉 길할 길	=		+					
念 생각 념	=		+					
能 능할 능	=		+		+		+	
團 둥글 단	=		+		+			
壇 단 단	=		+					
談 말씀 담	=		+					
當 마땅 당	=		+					
德 덕 덕	=		+		+		+		+
到 이를 도	=		+		+		+	
島 섬 도	=		+					

본문 익히기 45

다음 漢字語의 讀音을 쓰세요.

吉 日   信 念   記 念   萬 能

能 力   集 團   團 結   壇 上

面 談   當 然   當 番   美 德

德 談   到 來   當 到   島 民

半 島

 다음 漢字語를 漢字로 쓰세요.

| 길할길 | 날일 | 믿을신 | 생각념 | 많을만 | 능할능 | 모일집 | 모을단 |

| 단단 | 윗상 | 낯면 | 말씀담 | 마땅당 | 그럴연 | 아름다울미 | 덕덕 |

| 이를도 | 올래 | 섬도 | 백성민 | 기억할기 | 생각념 | 능할능 | 힘력 |

| 모을단 | 맺을결 | 마땅당 | 차례번 | 덕덕 | 말씀담 | 마땅당 | 이를도 |

| 반반 | 섬도 |

예문으로 어휘 익히기(漢字로 쓰인 단어의 뜻을 써보세요.)

01 양가는 吉日을 잡아 자식들의 혼례를 치렀다.

02 그는 굳은 信念을 지닌 사람이다.

03 광복절 記念 행사에 참석하였다.

04 그는 萬能 스포츠맨이다.

05 회사는 업무 처리 能力이 뛰어난 사람을 원한다.

06 개인의 욕심을 버리고 集團의 이익을 위해 행동한다.

07 온 국민의 團結로 국난을 극복하자.

08 후보자가 壇上에서 연설을 하고 있다.

09 시장은 面談이나 설문지 조사 등의 방법을 통해 주민들의 의견을 수렴하였다.

10 죄를 지으면 벌을 받는 것은 當然한 이치이다.

11 오후에 當番인 조가 다른 조와 교대하였다.

12 노약자에게 자리를 양보하는 것은 우리의 아름다운 美德이다.

13 설날에는 세배를 드리고 德談을 나눈다.

14 새 시대의 到來를 알리는 국민의 함성이 힘차다.

15 그들은 다른 일행보다 산 정상에 먼저 當到했다.

16 그는 섬에 도착하여 島民들의 열렬한 환영을 받았다.

17 발칸 半島는 화약고로 알려져 있다.

자원으로 한자 알기   월   일

01 힘(力)내려고 입(口)에 음식을 **더하니**   ☞ 加
02 사람(　)이 장사(賈)할 때 부르는 **값**   ☞
03 장정(丁)처럼 씩씩하게 입(　)으로 말함이 **옳으니**   ☞
04 몸(己)을 쳐(　) 잘못을 **고치니**   ☞
05 집(　)에 각각(各) 오신 **손님**   ☞
06 땅(土)에 사사로이(　) 침범한 적을 **가 없애니**   ☞
07 더불어(與) 손(　)을 **드니**   ☞
08 사람(　)에게 소(牛)는 중요한 **물건**이니   ☞
09 붓(聿)을 끌어(　) 계획을 **세우니**   ☞
10 사람(　)은 몸을 바로 세워야(建) **건강하니**   ☞
11 나무(　)를 각각(各) **격식**에 맞게 사용하니   ☞
12 눈(目)으로 걸어(儿) 다니며 **보니**   ☞
13 물(　) 흐르듯 마음을 터놓고(夬) **결단하여 정하니**   ☞
14 실(　)을 선비(士)가 입(口)에 물고 단단히 **맺으니**   ☞
15 해(　)가 뜬 서울(京)의 **경치**   ☞
16 진실하게(苟) 살라고 치는(　) 사람을 **공경하니**   ☞
17 수레(　)가 물줄기(巠) 흐르듯 **가볍게** 굴러가니   ☞
18 서(　) 형(兄) 둘이 **다투니**   ☞
19 울타리(　)를 치고 오랫동안(古) **굳게** 지키니   ☞
20 소(牛)를 제물로 바치고 입(　)으로 소원을 **고하여 알리니** ☞
21 늙은(　)이가 다섯(五) 번이나 **생각하니**   ☞
22 말(　)을 위로 두 번이나 뚫어(丨) **굽었음을** 알리니   ☞
23 말(　)하여 결과(果)에 따라 **공부할** 것을 **부과하니**   ☞
24 입 비뚤어질(咼) 정도로 빨리 뛰어(　) **지나가니**   ☞
25 풀(艹) 속에서 입(口)과 입(口)으로 지저귀며 새(隹)들이 **보니(　)** ☞

48

자원으로 한자 알기

26 문(　　)을 작은(幺) 조각(爿)과 작은(幺) 조각(爿)으로 걸어 잠그는 **빗장**

27 큰집(　　)을 지을 정도로 누런(黃) 땅이 **넓으니**

28 나무(　　)를 높이(喬) 걸쳐 만든 **다리**

29 눈(目)으로 확인하며 한(一) 줄에 여덟(　　) 개씩 **갖추어** 놓으니

30 약자를 구하려고(求) 적을 쳐(　　) **구원하니**

31 풀(艹) 속에 새(隹)가 절구(　　)처럼 둥지를 **오랫동안** 만드니

32 지붕(　　) 밑에 구부리고(丁) 입구(口)를 낸 **방**

33 가운데(中) 있는 하나(一)의 조개(　　)가 **귀하니**

34 사내(夫)는 세상을 볼(　　) 때 바른 **법도**에 따라야 하니

35 실(　　)을 합(合)하여 넉넉하게 **주니**

36 그(其) 땅(　　)에 집 지을 **터**를 정하니

37 그(其) 달(　　)의 모양을 보고 **때**를 **기약하니**

38 손(　　)으로 일정하게 가르는(支) **재주**

39 무릎 꿇고 큰절하는 **몸**의 모양

40 물(　　)이 뜨거운 기운(气)을 받으면 생기는 **김**

41 선비(士)가 입(　　)으로 **좋은** 말을 하니

42 지금(今)까지 마음(　　)에 담아두고 **생각**하니

43 내(厶) 몸(　　)은 비수(匕)와 비수(匕)를 **능히** 다루니

44 울타리(　　) 안에 수레(車)를 규칙(寸)에 따라 **둥글게 모으니**

45 흙(　　)을 높이(亶) 쌓아 만든 **단**

46 **말**(　　)을 불꽃(炎)처럼 따뜻하게 하니

47 높은(尙) 곳에 밭(　　) 농사를 짓는 것이 **마땅하니**

48 걸어(　　)가 열(十) 개의 법망(罒)보다는 하나(一)의 **덕스러운** 마음(心)으로 다스리니

49 하나(一)같이 사사로이(厶) 땅(土)에 칼(　　)을 들고 **이르니**

50 새(鳥)가 산(　　)이 있는 **섬**에서 쉬어가니

다음 漢字의 訓과 音을 쓰세요.

加	價	可	改	客	去	擧
件	建	健	格	見	決	結
景	敬	輕		競	固	告
考	曲				課	過
觀						關
廣	橋				具	救
舊	局	貴		規	給	基
期	技	己	汽	吉	念	能
團	壇	談	當	德	到	島

1-50번 익히기

다음의 訓과 音을 지닌 漢字를 쓰세요.

월   일

더할 가	값 가	옳을 가	고칠 개	손 객	갈 거	들 거
물건 건	세울 건	건강할 건	격식 격	볼 견	결단할 결	맺을 결
경치 경	공경 경	가벼울 경	다툴 경	굳을 고		고할 고
생각할 고	굽을 곡		공부할 과	지날 과
볼 관			빗장 관
넓을 광	다리 교		갖출 구	구원할 구
예 구	판 국	귀할 귀	법 규	줄 급	터 기
기약할 기	재주 기	몸 기	김 기	길할 길	생각 념	능할 능
둥글 단	단 단	말씀 담	마땅 당	덕 덕	이를 도	섬 도

1-50번 익히기

51	都	阝	사람(者)들이 많이 모여 사는 고을(阝)은 도읍이니
		9획	都
	도읍	도	• 古都(고도) : 옛 도읍 • 都市(도시) : 일정한 지역의 정치, 경제, 문화상의 중심을 이룬 인구의 집중지역

52	獨	犭	개(犭)를 그물(罒)에 싸인(勹) 벌레(虫)처럼 홀로 떼어 놓으니
		13획	獨
	홀로	독	• 獨身(독신) : 홀몸 • 獨特(독특) : 특별하게 다름

53	落	艹	풀(艹)에서 물(氵)이 각각(各) 떨어지니
		9획	落
	떨어질	락	• 下落(하락) : 값이 떨어짐 • 落馬(낙마) : 말에서 떨어짐

54	朗	月	보기 좋게(良) 달(月)이 밝으니
		7획	朗
	밝을	랑	• 明朗(명랑) : 밝고 활발함 • 朗讀(낭독) : 소리를 내어 밝게 읽음

자원으로 한자 알기

* 사람(者)들이 많이 모여 사는 고을(   )은 도읍이니   ☞

* 개(   )를 그물(罒)에 싸인(勹) 벌레(虫)처럼 홀로 떼어 놓으니   ☞

* 풀(   )에서 물(氵)이 각각(各) 떨어지니   ☞

* 보기 좋게(良) 달(   )이 밝으니   ☞

55	冷	冫	얼음(冫)처럼 명령(令)이 **차니**
		5획	冷
	찰	랭	*令(명령할 령) : 사람(人)들을 하나(一)같이 무릎(卩) 꿇려놓고 명령하니 • 冷水(냉수) : 찬물

56	量	里	아침(旦)에 마을(里)에서 시장에 팔 곡식을 **헤아리니**
		5획	量
	헤아릴 용량	량	*旦(아침 단) : 해(日)가 땅(一) 위로 떠오르는 아침 • 分量(분량) : 수량의 많고 적음

57	良	艮	점(丶) 같은 작은 잘못도 그치니(艮) **어질고 좋다.**
		1획	良
	어질 좋을	량	• 改良(개량) : 나쁜 점을 고치어 좋게 함 • 良藥苦口(양약고구) : 좋은 약은 입에 쓰다는 뜻으로 충언은 귀에 거슬린다는 말

58	旅	方	사방(方)에서 사람(𠂉)들이 뿌리(氏)처럼 많이 모여 **여행하니**
		6획	旅
	여행할 나그네	려	• 旅客(여객) : 여행하는 손님 • 旅行(여행) : 일이나 유람을 목적으로 다른 고장이나 외국에 가는 일

자원으로 한자 알기

* 얼음(　)처럼 명령(令)이 **차니**　　☞

* 아침(旦)에 마을(　)에서 시장에 팔 곡식을 **헤아리니**　　☞

* 점(丶) 같은 작은 잘못도 그치니(　) **어질고 좋다.**　　☞

* 사방(　)에서 사람(𠂉)들이 뿌리(氏)처럼 많이 모여 **여행하니**　　☞

월   일

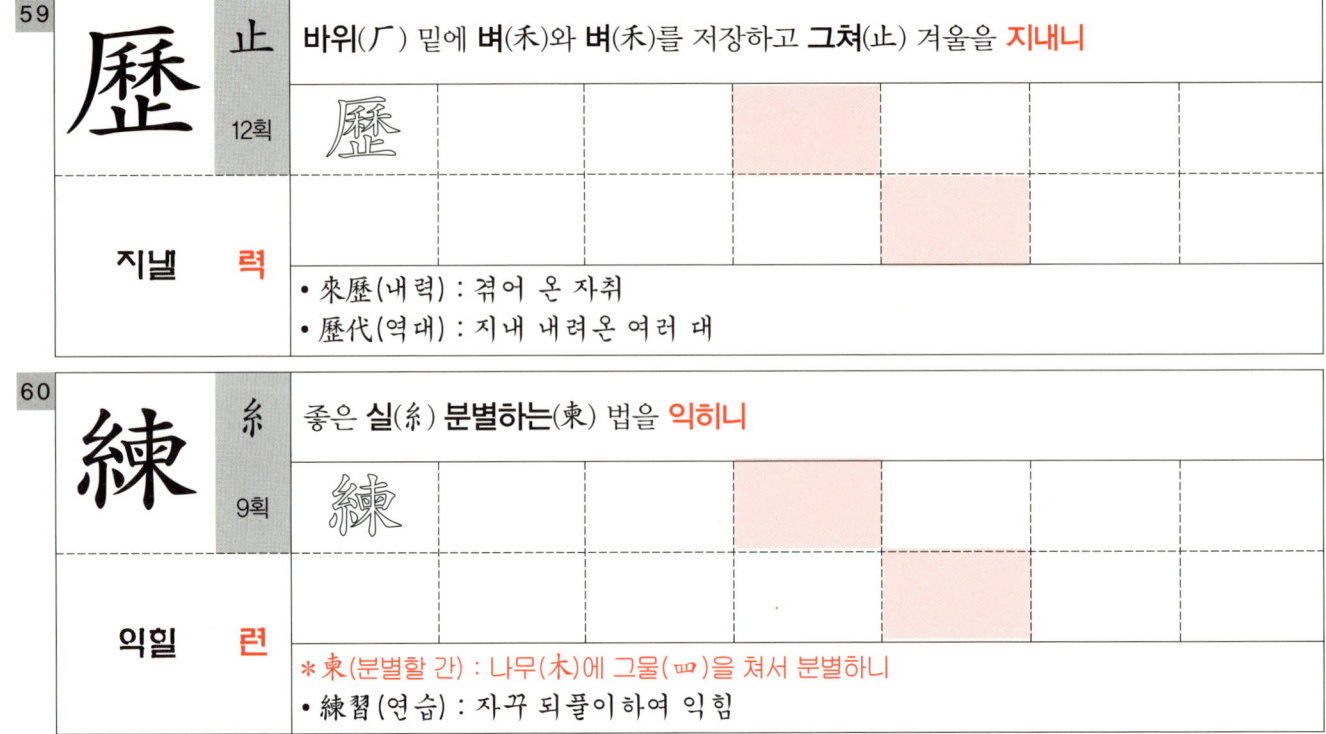

59	歷	止 12획	바위(厂) 밑에 벼(禾)와 벼(禾)를 저장하고 그쳐(止) 겨울을 **지내니**
			歷
	지낼	력	• 來歷(내력) : 겪어 온 자취 • 歷代(역대) : 지내 내려온 여러 대

60	練	糸 9획	좋은 실(糸) 분별하는(柬) 법을 **익히니**
			練
	익힐	련	＊柬(분별할 간) : 나무(木)에 그물(罒)을 쳐서 분별하니 • 練習(연습) : 자꾸 되풀이하여 익힘

자원으로 한자 알기

＊ 바위(厂) 밑에 벼(禾)와 벼(禾)를 저장하고 그쳐(   ) 겨울을 **지내니**   ☞

＊ 좋은 실(   ) 분별하는(柬) 법을 **익히니**   ☞

一思多得

君	+		=	郡(고을 군)	임금(君)의 명을 받아 다스리는 **고을**(阝)
立口	+	阝	=	部(나눌 부)	서(立) 입(口) 벌려 다툼하고 고을(阝)에서 **나누어지니**
者	+		=	都(도읍 도)	사람(者)들이 많이 모여 사는 고을(阝)은 **도읍**이니

方	+	𠂉	其	=	旗(기 기)	사방(方)에서 사람(𠂉)들이 바라보는 그(其) **기**
	+	𠂉	矢	=	族(겨레 족)	사방(方)에서 사람(𠂉)과 사람(𠂉)들이 모여 큰(大) **겨레**가 되니
	+	𠂉	氏	=	旅(여행할 려)	사방(方)에서 사람(𠂉)들이 뿌리(氏)처럼 많이 모여 **여행하니**

다음 漢字를 나누고 자원을 쓰면서 익히세요.

월   일

都 도읍 도 = ☐ + ☐

獨 홀로 독 = ☐ + ☐ + ☐ + ☐

落 떨어질 락 = ☐ + ☐ + ☐

朗 밝을 랑 = ☐ + ☐

冷 찰 랭 = ☐ + ☐

量 헤아릴 량 = ☐ + ☐

良 어질 량 = ☐ + ☐

旅 여행할 려 = ☐ + ☐ + ☐

歷 지낼 력 = ☐ + ☐ + ☐ + ☐

練 익힐 련 = ☐ + ☐

본문 익히기 55

다음 漢字語의 讀音을 쓰세요.

월   일

古 都	都 市	獨 身	獨 特
下 落	落 馬	明 朗	朗 讀
冷 水	分 量	改 良	旅 客
旅 行	來 歷	歷 代	練 習

 다음 漢字語를 漢字로 쓰세요.

예 고	도읍 도	홀로 독	몸 신	아래 하	떨어질 락	밝을 명	밝을 랑
찰 랭	물 수	단위 분	용량 량	고칠 개	좋을 량	여행할 려	손 객
올 래	지낼 력	익힐 련	익힐 습	도읍 도	행정구역 시	홀로 독	특별할 특
떨어질 락	말 마	밝을 랑	읽을 독	여행할 려	다닐 행	지낼 력	세대 대

예문으로 어휘 익히기(漢字로 쓰인 단어의 뜻을 써보세요.)

01 경주는 신라의 **古都**이다.

02 겨우 캄캄한 거리를 밝히던 네온도, 알전구 불빛도 꺼져 버려 **都市**는 완전한 어둠이었다.

03 그는 연구에 열중하느라 결혼도 하지 않고 평생을 **獨身**으로 지냈다.

04 나라마다 각 민족의 **獨特**한 생활 풍습이 있다.

05 주가 **下落**으로 많은 투자자들이 손해를 보고 있다.

06 그 기수는 **落馬**사고로 다리를 다쳤다.

07 그 아이는 성격이 **明朗**하다.

08 법정에서 판결문 **朗讀**이 시작되자 모두 숨을 죽였다.

09 화끈거리는 얼굴에 시원한 **冷水**를 끼얹자 조금 정신이 들었다.

10 설탕의 **分量**을 조절할 수 있게 일회용 커피를 조제하였다.

11 품종 **改良**으로 농작물의 수확량을 늘렸다.

12 기차 안은 **旅客**들로 붐볐다.

13 시험이 끝나면 친구들과 제주도로 **旅行**을 갈 생각이다.

14 살아온 **來歷**을 책으로 엮다.

15 이번 선거는 **歷代**에 보지 못한 공정한 선거였다.

16 외국어를 유창하게 하기 위해서는 많은 **練習**이 필요하다.

61	令	人 3획	사람(人)들을 하나(一)같이 무릎(卩) 꿇려놓고 **명령하니**
		令	
	명령할	령	• 發令(발령) : 법령을 공포하거나 명령을 내림 • 命令(명령) : 윗사람이 아랫사람에게 내리는 분부

62	領	頁 5획	명령(令)하여 **우두머리**(頁)가 부하를 **거느리니**
		領	
	거느릴	령	• 首領(수령) : 한 당파나 무리의 우두머리 • 領土(영토) : 국가의 통치권이 미치는 구역

63	勞	力 10획	불(火)과 불(火)에 덮여(冖) 힘(力)써 **일하니**
		勞	
	일할	로	• 勞動(노동) : 일을 함 • 功勞(공로) : 어떤 목적을 이루는 데에 힘쓴 노력이나 수고

64	料	斗 6획	쌀(米)의 양을 말(斗)로 **헤아려 값**을 정하니
		料	
	헤아릴 값	료	• 料量(요량) : 앞일을 잘 헤아려 생각함 • 料金(요금) : 수수료로 내는 돈

자원으로 한자 알기

* 사람(   )들을 하나(一)같이 무릎(卩) 꿇려놓고 **명령하니**   ☞

* 명령(令)하여 우두머리(   )가 부하를 **거느리니**   ☞

* 불(火)과 불(火)에 덮여(冖) 힘(   )써 **일하니**   ☞

* 쌀(米)의 양을 말(   )로 **헤아려 값**을 정하니   ☞

월 일

65	流	氵 7획	물(氵)이 머리(亠)에 갓 쓴 내(厶) 앞으로 내(川)처럼 **흐르니**
		流	
	흐를	류	• 流水(유수) : 흐르는 물 • 交流(교류) : 서로 뒤섞이어 흐름

66	類	頁 10획	쌀(米)알처럼 개(犬)의 머리(頁)가 **무리를 지어 비슷하니**
		類	
	무리 비슷할	류	• 分類(분류) : 종류에 따라 나눔 • 類例(유례) : 같거나 비슷한 예

67	陸	阝 8획	언덕(阝)과 언덕(坴)으로 이루어진 **육지**
		陸	
	뭍	륙	* 坴(언덕 륙) : 흙(土)을 사람(儿)이 땅(土) 위에 쌓아 만든 언덕 • 大陸(대륙) : 광대한 육지

68	馬	馬 0획	말의 모양
		馬	
	말	마	• 馬車(마차) : 말이 끄는 수레 • 馬力(마력) : 동력의 단위, 말 한 필의 힘에 해당함

자원으로 한자 알기

* 물(　　)이 머리(亠)에 갓 쓴 내(厶) 앞으로 내(川)처럼 **흐르니**　　☞

* 쌀(米)알처럼 개(犬)의 머리(　　)가 **무리를 지어 비슷하니**　　☞

* 언덕(　　)과 언덕(坴)으로 이루어진 **육지**　　☞

* **말**의 모양　　☞

월 일

69	末	木 1획	하늘(一)에 닿을 듯한 **나무**(木)의 **끝**
			末
	끝	말	• 結末(결말) : 일을 맺는 끝 • 末期(말기) : 어떤 시기의 끝 무렵

70	亡	亠 1획	**머리**(亠)까지 **숨길**(乚) 정도로 **망하니**
			亡
	망할	망	• 亡國(망국) : 망하여 없어진 나라 • 亡身(망신) : 말이나 행동을 잘못하여 신분이나 명예를 손상시킴

자원으로 한자 알기

* 하늘(一)에 닿을 듯한 나무(　)의 **끝**　　　　☞

* 머리(　)까지 숨길(乚) 정도로 **망하니**　　　☞

一思多得

人	+	一ㄱ	=	今(이제 금)	사람(人)들이 하나(一)같이 구부리고(ㄱ) 있는 **지금**
	+	一口	=	合(합할 합)	사람(人)들이 하나(一)로 입(口)을 **합하니**
	+	一卩	=	令(명령할 령)	사람(人)들을 하나(一)같이 무릎(卩) 꿇려놓고 **명령하니**

豆	+	頁	=	頭(머리 두)	콩(豆)처럼 둥글둥글한 **머리**(頁)
是	+		=	題(문제 제)	옳게(是) 머리(頁)를 써야 풀리는 **문제**
令	+		=	領(거느릴 령)	명령(令)하여 우두머리(頁)가 부하를 **거느리니**

禾	+	斗	=	科(과목 과)	벼(禾)를 말(斗)로 헤아려 구분하듯 구분해 놓은 **과목**
米	+		=	料(헤아릴 료)	쌀(米)의 양을 말(斗)로 **헤아려 값**을 정하니

다음 漢字를 나누고 자원을 쓰면서 익히세요.

월   일

令 (명령할 령) = ☐ + ☐ + ☐

領 (거느릴 령) = ☐ + ☐

勞 (일할 로) = ☐ + ☐ + ☐ + ☐

料 (헤아릴 료) = ☐ + ☐

流 (흐를 류) = ☐ + ☐ + ☐ + ☐

類 (무리 류) = ☐ + ☐ + ☐

陸 (뭍 륙) = ☐ + ☐

馬 (말 마) =

末 (끝 말) = ☐ + ☐

亡 (망할 망) = ☐ + ☐

본문 익히기 61

다음 漢字語의 讀音을 쓰세요.

월 일

發令	命令	首領	領土
勞動	功勞	料量	料金
流水	交流	分類	類例
大陸	馬車	馬力	結末
末期	亡國	亡身	

 다음 漢字語를 漢字로 쓰세요.

베풀**발** 명령할**령**	우두머리**수** 거느릴**령**	일할**로** 움직일**동**	헤아릴**료** 헤아릴**량**
흐를**류** 물**수**	나눌**분** 무리**류**	큰**대** 뭍**륙**	말**마** 수레**차**
맺을**결** 끝**말**	망할**망** 나라**국**	명령할**명** 명령할**령**	거느릴**령** 영토**토**
공**공** 공로**로**	값**료** 돈**금**	섞일**교** 흐를**류**	비슷할**류** 사례**례**
말**마** 힘**력**	끝**말** 때**기**	망할**망** 몸**신**	

예문으로 어휘 익히기(漢字로 쓰인 단어의 뜻을 써보세요.)   월   일

01 선생님께선 시골의 작은 학교로 **發令**이 나서 전근을 가셨다.

02 해가 지자 공격 **命令**을 내렸다.

03 전봉준 장군은 동학군의 **首領**이다.

04 고구려 광개토대왕은 **領土** 확장에 힘썼다.

05 그는 **勞動**으로 생계를 꾸린다.

06 높은 **功勞**를 세우다.

07 나는 큰집에 인사만 드리고 곧바로 올 **料量**으로 집을 나섰다.

08 새해에 **料金**이 인상되었다.

09 세월은 **流水**와 같다.

10 예전에는 중국과의 문화적 **交流**를 통해 선진 문화를 받아들였다.

11 코끼리는 멸종 위험이 가장 높은 동물로 **分類**된다.

12 그들의 잔혹한 통치정책은 세계에서 **類例**를 찾기 힘든 것이다.

13 같은 동양이면서도 중국은 **大陸**적인 특징을 보인다.

14 **馬車**를 타다.

15 요즘은 200**馬力**의 힘을 가진 차들이 흔하다.

16 그 일은 결국 **結末**도 없이 흐지부지되어 버렸다.

17 제1차 세계 대전 **末期**에 일어난 일이다.

18 **亡國**의 한이 컸다.

19 사람들 많은 곳에서 넘어져 **亡身**을 당하였다.

71	望	月	망하여(亡) 달(月)을 **바라보며** 왕(王)처럼 되기를 **바라니**
		7획	望
	바라볼 바랄	**망**	• 觀望(관망) : 형세를 바라봄 • 大望(대망) : 큰 희망

72	買	貝	그물(罒)을 돈(貝) 주고 **사니**
		5획	買
	살	**매**	• 買入(매입) : 사들임 • 不買(불매) : 사지 아니함

73	賣	貝	선비(士)가 사서(買) 다시 **파니**
		8획	賣
	팔	**매**	• 賣出(매출) : 물건을 내다 팖 • 賣買(매매) : 물건을 팔고 사는 일

74	無	灬	사람(ㅅ)이 한(一) 줄로 나무 네 개(ㅠ)를 땅(一)에 세워놓고 불(灬)태워 **없애니**
		8획	無
	없을	**무**	• 無言(무언) : 말이 없음 • 無料(무료) : 요금이 필요 없음

자원으로 한자 알기

* 망하여(亡) 달(　)을 **바라보며** 왕(王)처럼 되기를 **바라니** ☞

* 그물(罒)을 돈(　) 주고 **사니** ☞

* 선비(士)가 사서(買) 다시 **파니** ☞

* 사람(ㅅ)이 한(一) 줄로 나무 네 개(ㅠ)를 땅(一)에 세워놓고 불(　)태워 **없애니** ☞

월　　일

75	倍	亻 8획	사람(亻)이 서(立) 입(口)으로 외치면 구경꾼이 **곱**으로 늘어나니
	곱 **배**		倍
			• 倍加(배가) : 갑절로 늘림 • 倍數(배수) : 갑절이 되는 수

76	法	氵 5획	물(氵)이 평평하게 흘러**가듯**(去) 모두에게 공평하게 적용되는 **법**
	법 **법**		法
			• 法令(법령) : 법률과 명령 • 用法(용법) : 사용하는 방법

77	變	言 16획	말(言)을 실(糸)과 실(糸)처럼 길게 늘여 훈계하고 **치면**(攵) **변하니**
	변할 **변**		變
			• 變速(변속) : 속도를 바꿈 • 急變(급변) : 급하게 변함

78	兵	八 5획	도끼(斤)를 하나(一)씩 들고 여덟(八) 명씩 모여 있는 **병사**
	병사 **병**		兵
			• 勇兵(용병) : 용감한 병사 • 新兵(신병) : 새로 입영한 병사

자원으로 한자 알기

* 사람(　　)이 서(立) 입(口)으로 외치면 구경꾼이 **곱**으로 늘어나니

* 물(　　)이 평평하게 흘러가듯(去) 모두에게 공평하게 적용되는 **법**

* 말(　　)을 실(糸)과 실(糸)처럼 길게 늘여 훈계하고 치면(攵) **변하니**

* 도끼(斤)를 하나(一)씩 들고 여덟(　　) 명씩 모여 있는 **병사**

79	福	示 9획	신(示)에게 하나(一)의 입(口)으로 고하며 밭(田) 곡식을 바치면 복주니
		福	
복	복		• 萬福(만복) : 온갖 복 • 福音(복음) : 기쁜 소식

80	奉	大 5획	하늘(一)과 땅(一)처럼 위대(大)한 분을 재주(才)껏 받드니
		奉	
받들	봉		• 信奉(신봉) : 믿고 받듦 • 奉讀(봉독) : 남의 글을 받들어 읽음

자원으로 한자 알기

* 신(　　)에게 하나(一)의 입(口)으로 고하며 밭(田) 곡식을 바치면 **복**주니　　☞
* 하늘(一)과 땅(一)처럼 위대(　　)한 분을 재주(才)껏 **받드니**　　☞

一思多得

72. 買(살 매), 賣(팔 매) 잘 구별하세요.
　　買(살 매) : 그물(罒)을 돈(貝) 주고 **사니**
　　賣(팔 매) : 선비(士)가 사서(買) 다시 **파니**

75. 倍(곱 배) 部(나눌 부) 잘 구별하세요.
　　倍(곱 배) : 사람(亻)이 서(立) 입(口)으로 외치면 구경꾼이 **곱**으로 늘어나니
　　部(나눌 부) : 서(立) 입(口) 벌려 다툼하고 고을(阝)에서 **나누어지니**

夫	+	日	=	春(봄 춘)	하늘(一)과 땅(一)에 큰(大) 해(日)가 비추는 **봄**
	+	才	=	奉(받들 봉)	하늘(一)과 땅(一)처럼 위대(大)한 분을 재주(才)껏 **받드니**

다음 漢字를 나누고 자원을 쓰면서 익히세요.

월   일

望 바랄 망	=		+		+				
買 살 매	=		+						
賣 팔 매	=		+						
無 없을 무	=		+		+		+		+
倍 곱 배	=		+		+				
法 법 법	=		+						
變 변할 변	=		+		+		+		
兵 병사 병	=		+		+				
福 복 복	=		+		+		+		
奉 받들 봉	=		+		+		+		

본문 익히기 67

다음 漢字語의 讀音을 쓰세요.

觀望	大望	買入	不買
賣出	賣買	無言	無料
倍加	倍數	法令	用法
變速	急變	勇兵	新兵
萬福	福音	信奉	奉讀

 다음 漢字語를 漢字로 쓰세요.

볼 관	바라볼 망	살 매	들 입	팔 매	날 출	없을 무	말씀 언
곱 배	더할 가	법 법	명령할 령	변할 변	빠를 속	용감할 용	병사 병
많을 만	복 복	믿을 신	받들 봉	큰 대	바랄 망	아닐 불	살 매
팔 매	살 매	없을 무	값 료	곱 배	셈 수	쓸 용	법 법
급할 급	변할 변	새 신	병사 병	복 복	소리 음	받들 봉	읽을 독

예문으로 어휘 익히기(漢字로 쓰인 단어의 뜻을 써보세요.)

01 이 정자는 휴식과 觀望을 위한 것이다.

02 大望의 새해가 밝아 왔다.

03 일단 공공 기관에 買入된 토지를 이용하거나 팔려면 소정의 절차를 거쳐야 한다.

04 시민들 사이에서 사치품 不買의 움직임이 일어났다.

05 이달 회사 賣出이 늘었다.

06 요즘 경기 불황으로 부동산 賣買가 이루어지지 않고 있다.

07 그는 말수가 적은 대신에 상대편을 대개 無言으로 제압했다.

08 어린이날을 맞이하여 놀이 시설을 無料로 개방하였다.

09 신문 구독자 倍加를 위하여 각 신문사마다 다양한 서비스 경쟁을 벌이고 있다.

10 6은 3의 倍數이다.

11 노동 관련 제도 및 法令과 사례들을 수집한 보고서를 제출하다.

12 물건을 사면 그 用法을 적은 설명서를 잘 읽어야 한다.

13 운전할 때 變速을 너무 급하게 하지 마라.

14 개방 정책으로 경제 구조에 急變이 일어났다.

15 勇兵을 모집하다.

16 新兵들을 훈련시키다.

17 여러분의 가정에 萬福이 깃들기를 기원합니다.

18 福音을 전파하다.

19 그의 그 이론에 대한 信奉은 신앙과도 같았다.

20 성경을 奉讀하였다.

월   일

81	比	比 0획	두 사람이 **나란히 구부리고**(ヒ) 앉아 **견주고** 있는 모양
		比	
	나란할 견줄	비	• 對比(대비) : 서로 맞대어 비교함 • 比等(비등) : 견주어서 보기에 서로 비슷함

82	費	貝 5획	제 것이 **아니**(弗)라고 **돈**(貝)을 함부로 **쓰니**
		費	
	쓸	비	*弗(아닐 불) : 활(弓)을 끈(丿) 두 개로 묶어 쏘면 아니 되니 • 費用(비용) : 물건을 사거나 어떤 일을 하는 데에 드는 돈

83	鼻	鼻 0획	**코**(自)로 밭(田)에서 난 곡식을 **두 손으로 잡고**(廾) 냄새 맡으니
		鼻	
	코	비	• 鼻音(비음) : 코가 막힌 듯이 내는 소리 • 耳目口鼻(이목구비) : 귀, 눈, 입, 코 또는 얼굴의 생김새

84	氷	水 1획	물(水)이 점(丶)처럼 한 덩어리로 **어니**
		氷	
	얼음	빙	• 氷水(빙수) : 얼음 물 • 結氷(결빙) : 물이 얼어서 얼음이 됨

자원으로 한자 알기

* 두 사람이 **나란히** 구부리고(ヒ) 앉아 **견주고** 있는 모양　　☞

* 제 것이 아니(弗)라고 돈(　)을 함부로 **쓰니**　　☞

* **코**(自)로 밭(田)에서 난 곡식을 두 손으로 잡고(廾) 냄새 맡으니　　☞

* 물(　)이 점(丶)처럼 한 덩어리로 **어니**　　☞

번호	한자	부수/획수	뜻풀이 및 예시
85	士 선비 사람 군사 / 사	士 0획	열(十) 개를 하나(一)를 듣고 아는 **선비** 士 • 名士(명사) : 세상에 널리 알려진 사람 • 士大夫(사대부) : 문무 양반의 일반적인 총칭
86	仕 벼슬 섬길 / 사	亻 3획	사람(亻) 중에서 선비(士)만 **벼슬**하니 仕 • 出仕(출사) : 벼슬길에 나아감 • 奉仕(봉사) : 남을 위하여 일함
87	史 역사 / 사	口 2획	입(口)으로 삐치고(丿) 파인(乀) **역사**를 전하니 史 • 國史(국사) : 한나라의 역사 • 史書(사서) : 역사에 관한 책
88	寫 베낄 그릴 / 사	宀 12획	집(宀)에서 절구(臼) 같은 아궁이에 싸인(勹) 불(灬)을 **베껴 그리니** 寫 • 寫本(사본) : 원본을 그대로 베낌 • 寫生(사생) : 실물이나 경치를 있는 그대로 베끼어 그림

자원으로 한자 알기

* 열(十) 개를 하나(一)를 듣고 아는 **선비**　　☞
* 사람(　　) 중에서 선비(士)만 **벼슬**하니　　☞
* 입(　　)으로 삐치고(丿) 파인(乀) **역사**를 전하니　　☞
* 집(　　)에서 절구(臼) 같은 아궁이에 싸인(勹) 불(灬)을 **베껴 그리니**　　☞

월   일

89	思	心 5획	밭(田)에 무엇을 심을까 **마음**(心)으로 **생각**하니
			思
	생각	사	• 意思(의사) : 마음먹은 생각 • 思料(사료) : 생각하여 헤아림

90	査	木 5획	나무(木)가 잘 자라는지 **또**(且) **조사하니**
			査
	조사할	사	• 内査(내사) : 비밀히 조사함 • 考査(고사) : 자세히 생각하고 조사함 또는 학생들의 학업 성적을 평가하는 시험

자원으로 한자 알기

* 밭(田)에 무엇을 심을까 마음(   )으로 **생각**하니

* 나무(   )가 잘 자라는지 또(且) **조사하니**

一思多得

84. 氷(얼음 빙) 永(길 영) 잘 구별하세요.

  氷(얼음 빙) : 물(水)이 점(丶)처럼 한 덩어리로 **어니**

  永(길 영) : 한 점(丶)의 물(水)이 모여 **길게** 흐르니

	+	力	=	男(사내 남)	밭(田)에서 힘(力)써 일하는 **사내**
田	+	介	=	界(경계 계)	밭(田) 사이에 끼어(介) 있는 **경계**
	+	心	=	思(생각 사)	밭(田)에 무엇을 심을까 마음(心)으로 **생각하니**

示	+		=	祖(할아비 조)	보이면(示) 또(且) 절해야 하는 **할아버지**
木	+	且	=	査(조사할 사)	나무(木)가 잘 자라는지 또(且) **조사하니**

 다음 漢字를 나누고 자원을 쓰면서 익히세요.

월   일

比 견줄 비 = ☐ + ☐

費 쓸 비 = ☐ + ☐

鼻 코 비 = ☐ + ☐ + ☐

氷 얼음 빙 = ☐ + ☐

士 선비 사 = ☐ + ☐

仕 벼슬 사 = ☐ + ☐

史 역사 사 = ☐ + ☐ + ☐

寫 베낄 사 = ☐ + ☐ + ☐ + ☐

思 생각 사 = ☐ + ☐

査 조사할 사 = ☐ + ☐

본문 익히기 73

다음 漢字語의 讀音을 쓰세요.

월   일

對 比   比 等   費 用   鼻 音

氷 水   結 氷   名 士   出 仕

奉 仕   國 史   史 書   寫 本

寫 生   意 思   思 料   內 查

考 查

다음 漢字語를 漢字로 쓰세요.

대할 대 비교할 비   쓸 비 쓸 용   코 비 소리 음   얼음 빙 물 수

이름날 명 사람 사   나갈 출 벼슬 사   나라 국 역사 사   베낄 사 근본 본

뜻 의 생각 사   안 내 조사할 사   견줄 비 등급 등   맺을 결 얼음 빙

받들 봉 섬길 사   역사 사 책 서   그릴 사 살 생   생각 사 헤아릴 료

생각할 고 조사할 사

74

예문으로 어휘 익히기(漢字로 쓰인 단어의 뜻을 써보세요.)

월   일

01 나는 그에게 **對比**되어 평가되는 것이 너무나 싫었다.

02 친구와 나의 영어 실력은 **比等**하다.

03 여행 **費用**을 부담하다.

04 **鼻音**이 많이 섞인 목소리로 애교 있게 말했다.

05 그녀는 고개를 숙이고 **氷水** 그릇의 얼음과 팥을 섞기 시작했다.

06 어제 내린 눈으로 도로에 **結氷** 구간이 많다.

07 그 회의에는 유수한 세계의 **名士**들이 모두 참석하였다.

08 병든 어머니를 간호하기 위해 자식의 도리를 다하고자 **出仕**를 포기하였다.

09 학생들이 **奉仕**활동을 하기 위해 복지시설을 방문했다.

10 시험에 대비하여 **國史**를 공부하였다.

11 역사에 관심이 많아 **史書**를 즐겨 읽는다.

12 자격증 **寫本**을 제출하여라.

13 동생은 학교에서 열린 **寫生** 대회에서 풍경화를 그려 상을 받았다.

14 네 의견에 따를 **意思**가 있다.

15 시간을 허비하는 것은 일을 더욱 어렵게 하는 것으로 **思料**됩니다.

16 경찰이 용의자들을 대상으로 은밀하게 **內査**에 들어갔다.

17 학기마다 두 번씩 **考査**를 치른다.

91	産	生 6획	허리를 세워(立) 끈(丿)을 잡고 **낳으니**(生)
		産	
	낳을	산	• 産業(산업) : 생산을 하는 사업 • 國産(국산) : 자기 나라에서 생산함

92	賞	貝 8획	공이 **높은**(尙) 자에게 **돈**(貝)을 주어 **상주니**
		賞	
	상줄	상	• 賞金(상금) : 상으로 주는 돈 • 入賞(입상) : 상을 타게 되는 등수에 드는 것

93	商	口 8획	머리(亠)에 갓 쓴 여덟(丷) 명이 성(冂) 안을 걸어(儿) 다니며 입(口)으로 외치고 **장사**하니
		商	
	장사	상	• 商人(상인) : 장사하는 사람 • 商術(상술) : 장사하는 재주나 꾀

94	相	目 4획	좋은 나무(木)를 고르기 위해 눈(目)으로 **서로** 살펴보니
		相	
	서로	상	• 相對(상대) : 서로 마주 봄 • 相談(상담) : 어려운 일을 서로 의논함

자원으로 한자 알기

* 허리를 세워(立) 끈(丿)을 잡고 **낳으니**(　　) ☞

* 공이 높은(尙) 자에게 돈(　　)을 주어 **상주니** ☞

* 머리(亠)에 갓 쓴 여덟(丷) 명이 성(冂) 안을 걸어(儿) 다니며 입(　　)으로 외치고 **장사**하니 ☞

* 좋은 나무(木)를 고르기 위해 눈(　　)으로 **서로** 살펴보니 ☞

95	序	广	큰집(广)에서 내(予) **차례**를 기다리니
		4획	序
	차례	서	• 序言(서언) : 머리말 • 序頭(서두) : 어떤 일이나 차례의 첫머리

96	仙	亻	사람(亻)이 산(山)에서 **신선**처럼 사니
		3획	仙
	신선	선	• 仙人(선인) : 신선 • 神仙(신선) : 선도를 닦아 도를 통한사람

97	善	口	양(羊)처럼 **여덟**(八) 명이 **하나**(一)같이 **입**(口)으로 순하고 **착하게** 말하니
		9획	善
	착할 좋을	선	• 善良(선량) : 착하고 어짊 • 改善(개선) : 고쳐 좋게 함

98	選	辶	뱀(巳)과 뱀(巳)을 함께(共) 뛰어(辶)가 **가려서** 잡으니
		12획	選
	가릴	선	• 選別(선별) : 가려서 따로 나눔 • 選出(선출) : 여럿 가운데서 가려 냄

자원으로 한자 알기

* 큰집(   )에서 내(予) **차례**를 기다리니 ☞

* 사람(   )이 산(山)에서 **신선**처럼 사니 ☞

* 양(羊)처럼 여덟(八) 명이 하나(一)같이 입(   )으로 순하고 **착하게** 말하니 ☞

* 뱀(巳)과 뱀(巳)을 함께(共) 뛰어(   )가 **가려서** 잡으니 ☞

월   일

99	船	舟 5획	배(舟)에 책상(几)과 인구(口)를 실을 수 있는 큰 배
			船
	배	선	• 商船(상선) : 상업상 목적에 쓰이는 선박 • 旅客船(여객선) : 여객을 태워 나르기 위한 배

100	鮮	魚 6획	물고기(魚)와 양(羊)이 곱고 싱싱하니
			鮮
	고울 싱싱할	선	• 鮮明(선명) : 산뜻하고 밝음 • 新鮮(신선) : 새롭고 산뜻함

자원으로 한자 알기

* 배(　　)에 책상(几)과 인구(口)를 실을 수 있는 큰 배

* 물고기(　　)와 양(羊)이 곱고 싱싱하니

一思多得

尚	+ 土 = 堂(집 당)	높게(尚) 땅(土)에 지은 집
	+ 田 = 當(마땅 당)	높은(尚) 곳에 밭(田)농사를 짓는 것이 마땅하니
	+ 貝 = 賞(상줄 상)	공이 높은(尚) 자에게 돈(貝)을 주어 상주니

木	+ 交 = 校(학교 교)	나무(木) 회초리로 맞기도 하며 친구도 사귀는(交) 학교
	+ 木 = 林(수풀 림)	나무(木)와 나무(木)로 우거진 숲
	+ 直 = 植(심을 식)	나무(木)를 곧게(直) 심으니
	+ 寸 = 村(마을 촌)	나무(木) 옆에서 촌수(寸)를 따지는 마을
	+ 艮 = 根(뿌리 근)	나무(木)가 제자리에 그쳐(艮) 있는 것은 뿌리 때문이니
	+ 卜 = 朴(순박할 박)	나무(木) 껍질이나 점(卜)칠 때 쓰는 거북의 등처럼 투박하고 순박하니
	+ 目 = 相(서로 상)	좋은 나무(木)를 고르기 위해 눈(目)으로 서로 살펴보니

다음 漢字를 나누고 자원을 쓰면서 익히세요.

월   일

産 낳을 산 = ☐ + ☐ + ☐

賞 상줄 상 = ☐ + ☐

商 장사 상 = ☐ + ☐ + ☐ + ☐ + ☐

相 서로 상 = ☐ + ☐

序 차례 서 = ☐ + ☐

仙 신선 선 = ☐ + ☐

善 착할 선 = ☐ + ☐ + ☐ + ☐

選 가릴 선 = ☐ + ☐ + ☐ + ☐

船 배 선 = ☐ + ☐ + ☐

鮮 고울 선 = ☐ + ☐

본문 익히기 79

다음 漢字語의 讀音을 쓰세요.

産業	國産	賞金	入賞
商人	商術	相對	相談
序言	序頭	仙人	神仙
善良	改善	選別	選出
商船	鮮明	新鮮	

 다음 漢字語를 漢字로 쓰세요.

낳을 산 / 일 업	상줄 상 / 돈 금	장사 상 / 사람 인	서로 상 / 대할 대
차례 서 / 말씀 언	신선 선 / 사람 인	착할 선 / 어질 량	가릴 선 / 나눌 별
장사 상 / 배 선	고울 선 / 밝을 명	나라 국 / 낳을 산	들 입 / 상줄 상
장사 상 / 재주 술	서로 상 / 말씀 담	차례 서 / 머리 두	귀신 신 / 신선 선
고칠 개 / 좋을 선	가릴 선 / 날 출	새 신 / 싱싱할 선	

예문으로 어휘 익히기(漢字로 쓰인 단어의 뜻을 써보세요.)

01 자국의 **産業**을 보호·육성하기 위하여 수입에 제한을 두는 나라가 늘고 있다.

02 내 시계는 **國産**이다.

03 대회의 우승자에게 **賞金**을 수여하다.

04 그 대회에서 선수들의 **入賞** 여부는 정신력에 달려 있다.

05 시장 안은 손님을 부르는 **商人**들로 몹시 시끄러웠다.

06 **商術**이 뛰어난 사람이 돈을 잘 번다.

07 저런 애들하고는 **相對**도 하지 마라.

08 담임선생님과 진학 **相談**을 하였다.

09 글의 **序言**이 길면 독자들이 지루함을 느끼기 쉽다.

10 말의 **序頭**를 꺼내다.

11 춤을 추면 백학이 나는 듯 **仙人**이 노니는 듯하다.

12 세상을 버리고 산으로 깊숙이 들어가 **神仙**과 같은 생활을 한 지 벌써 오래다.

13 가장 **善良**하게 보이던 그가 이번 사건의 주모자나 다름없다는 후문이 나돌았다.

14 입시 제도를 **改善**하였다.

15 이들은 일정한 기준에 의해 **選別**된 학생들이다.

16 새 학기가 되어 각 반마다 반장 **選出**이 한창이다.

17 독일 잠수함이 무장을 하지 않은 미국의 **商船**을 공격하였다.

18 **鮮明**한 아침 햇살이 눈부시다.

19 비록 우승은 못했지만 국제대회 출전은 **新鮮**한 충격이었다.

자원으로 한자 알기   월   일

51 사람(者)들이 많이 모여 사는 고을(   )은 **도읍**이니

52 개(   )를 그물(罒)에 싸인(勹) 벌레(虫)처럼 **홀로** 떼어 놓으니

53 풀(   )에서 물(氵)이 각각(各) **떨어지니**

54 보기 좋게(良) 달(   )이 **밝으니**

55 얼음(   )처럼 명령(令)이 **차니**

56 아침(旦)에 마을(   )에서 시장에 팔 곡식을 **헤아리니**

57 점(丶) 같은 작은 잘못도 그치니(   ) **어질고 좋다.**

58 사방(   )에서 사람(人)들이 뿌리(氏)처럼 많이 모여 **여행하니**

59 바위(厂) 밑에 벼(禾)와 벼(禾)를 저장하고 그쳐(   ) 겨울을 **지내니**

60 좋은 실(   ) 분별하는(柬) 법을 **익히니**

61 사람(   )들을 하나(一)같이 무릎(卩) 꿇려놓고 **명령하니**

62 명령(令)하여 우두머리(   )가 부하를 **거느리니**

63 불(火)과 불(火)에 덮여(冖) 힘(   )써 **일하니**

64 쌀(米)의 양을 말(   )로 **헤아려 값**을 정하니

65 물(   )이 머리(亠)에 갓 쓴 내(厶) 앞으로 내(川)처럼 **흐르니**

66 쌀(米)알처럼 개(犬)의 머리(   )가 **무리**를 지어 **비슷하니**

67 언덕(   )과 언덕(阝)으로 이루어진 **육지**

68 **말**의 모양

69 하늘(一)에 닿을 듯한 나무(   )의 **끝**

70 머리(   )까지 숨길(乚) 정도로 **망하니**

71 망하여(亡) 달(   )을 바라보며 왕(王)처럼 되기를 **바라니**

72 그물(罒)을 돈(   ) 주고 **사니**

73 선비(士)가 사서(買) 다시 **파니**

74 사람(人)이 한(一) 줄로 나무 네 개(灬)를 땅(一)에 세워놓고 불(   )태워 **없애니**

75 사람(   )이 서(立) 입(口)으로 외치면 구경꾼이 **곱**으로 늘어나니

82

자원으로 한자 알기

76 물(   )이 평평하게 흘러가듯(去) 모두에게 공평하게 적용되는 **법**

77 말(   )을 실(糸)과 실(糸)처럼 길게 늘여 훈계하고 치면(攵) **변하니**

78 도끼(斤)를 하나(一)씩 들고 여덟(   ) 명씩 모여 있는 **병사**

79 신(   )에게 하나(一)의 입(口)으로 고하며 밭(田) 곡식을 바치면 **복**주니

80 하늘(一)과 땅(一)처럼 위대(大)한 분을 재주(才)껏 **받드니**

81 두 사람이 **나란히** 구부리고(匕) 앉아 **견주고** 있는 모양

82 제 것이 아니(弗)라고 돈(   )을 함부로 **쓰니**

83 **코**(自)로 밭(田)에서 난 곡식을 두 손으로 잡고(廾) 냄새 맡으니

84 물(   )이 점(丶)처럼 한 덩어리로 **어니**

85 열(十) 개를 하나(一)를 듣고 아는 **선비**

86 사람(   ) 중에서 선비(士)만 **벼슬**하니

87 입(   )으로 삐치고(丿) 파인(乀) **역사**를 전하니

88 집(   )에서 절구(臼) 같은 아궁이에 싸인(勹) 불(灬)을 **베껴 그리니**

89 밭(田)에 무엇을 심을까 마음(   )으로 **생각**하니

90 나무(   )가 잘 자라는지 또(且) **조사하니**

91 허리를 세워(소) 끈(丿)을 잡고 **낳으니**(   )

92 공이 높은(尙) 자에게 돈(   )을 주어 **상주니**

93 머리(亠)에 갓 쓴 여덟(丷) 명이 성(冂) 안을 걸어(儿) 다니며 입(   )으로 외치고 **장사**하니

94 좋은 나무(木)를 고르기 위해 눈(   )으로 **서로** 살펴보니

95 큰집(   )에서 내(予) **차례**를 기다리니

96 사람(   )이 산(山)에서 **신선**처럼 사니

97 양(羊)처럼 여덟(丷) 명이 하나(一)같이 입(   )으로 순하고 **착하게** 말하니

98 뱀(巳)과 뱀(巳)을 함께(共) 뛰어(   )가 **가려서** 잡으니

99 배(   )에 책상(几)과 인구(口)를 실을 수 있는 큰 **배**

100 물고기(   )와 양(羊)이 **곱고 싱싱하니**

다음 漢字의 訓과 음을 쓰세요.

都	獨	落	朗	冷	量	良
旅	歷	練	令	領	勞	料
流	類	陸		馬	末	亡
望	買				賣	無
倍						法
變	兵				福	奉
比	費	鼻		氷	士	仕
史	寫	思	査	産	賞	商
相	序	仙	善	選	船	鮮

51-100번 익히기

다음의 訓과 音을 지닌 漢字를 쓰세요.

월   일

도읍 도	홀로 독	떨어질 락	밝을 랑	찰 랭	헤아릴 량	어질 량
나그네 려	지낼 력	익힐 련	명령할 령	거느릴 령	일할 로	헤아릴 료
흐를 류	무리 류	뭍 륙		말 마	끝 말	망할 망
바랄 망	살 매				팔 매	없을 무
곱 배			51-100번 익히기			법 법
변할 변	병사 병				복 복	받들 봉
견줄 비	쓸 비	코 비		얼음 빙	선비 사	섬길 사
역사 사	베낄 사	생각 사	조사할 사	낳을 산	상줄 상	장사 상
서로 상	차례 서	신선 선	착할 선	가릴 선	배 선	고울 선

101	說	言 7획	말(言)을 바꾸어(兌) 달래니
		說	
	말씀 달랠	설 세	* 兌(바꿀 태) : 여덟(八) 번이나 형(兄)이 바꾸니 • 說敎(설교) : 종교의 교리를 설명함

102	性	忄 5획	마음(忄)에서 나오는(生) 성품
		性	
	성품	성	• 性格(성격) : 사물에 구비된 고유의 성질 • 性能(성능) : 기계 따위가 지닌 성질이나 기능

103	洗	氵 6획	물(氵)로 먼저(先) 씻으니
		洗	
	씻을	세	• 洗手(세수) : 손이나 얼굴을 씻음 • 洗車(세차) : 차체에 묻은 먼지나 흙을 씻음

104	歲	止 9획	크기를 그치고(止) 개(戌)가 작은(少) 새끼를 낳기까지는 한 해가 걸리니
		歲	
	해 나이	세	• 歲月(세월) : 흘러가는 시간 • 年歲(연세) : 나이의 높임말

자원으로 한자 알기

* 말(   )을 바꾸어(兌) 달래니
* 마음(   )에서 나오는(生) 성품
* 물(   )로 먼저(先) 씻으니
* 크기를 그치고(   ) 개(戌)가 작은(少) 새끼를 낳기까지는 한 해가 걸리니

105	束	木 3획	나무(木)를 에워(口) 싸 **묶고 약속**하니
			束
	묶을 약속	속	• 結束(결속) : 한 덩어리가 되게 묶음 • 團束(단속) : 주의를 기울여 다잡거나 보살핌

106	首	首 0획	**머리**의 모양
			首
	머리 우두머리	수	• 首席(수석) : 맨 윗자리 • 首都(수도) : 한 나라의 정부가 있는 도시

107	宿	宀 8획	집(宀)에서 사람(亻) 백(百)명이 **자니**
			宿
	잘	숙	• 宿所(숙소) : 자는 곳 • 宿食(숙식) : 자고 먹음

108	順	頁 3획	냇물(川)이 흐르듯 거스르지 않고 **우두머리(頁)**의 명령을 **순하게** 따르니
			順
	순할	순	• 順序(순서) : 정해진 차례 • 順理(순리) : 순한 이치나 도리

자원으로 한자 알기

* 나무(　)를 에워(口) 싸 **묶고 약속**하니

* **머리**의 모양

* 집(　)에서 사람(亻) 백(百)명이 **자니**

* 냇물(川)이 흐르듯 거스르지 않고 우두머리(　)의 명령을 **순하게** 따르니

109	示	示 0획	하늘땅(二)의 **작은**(小) 일도 살펴 길흉을 **보이는 신**
	보일	시	• 明示(명시) : 분명하게 가리킴 • 公示(공시) : 일반에게 널리 알림

110	識	言 12획	**말**(言)이나 **소리**(音)를 **창**(戈)으로 **알게 기록하니**
	알 기록할	식 지	• 識別(식별) : 알아서 구별함 • 學識(학식) : 배워서 얻은 지식

자원으로 한자 알기

* 하늘땅(二)의 **작은**(小) 일도 살펴 길흉을 **보이는 신**
* 말(　　)이나 소리(音)를 창(戈)으로 **알게 기록하니**

一思多得

女	+	生	=	姓(성 성)	여자(女)가 아기를 낳아(生) **성**을 붙이니
忄	+		=	性(성품 성)	마음(忄)에서 나오는(生) **성품**

106. 首(머리 수) 頁(머리 혈) 잘 구별하세요.

　　首(머리 수) : 머리 수는 한글 '수' 나 한자에 모두 받침이 없고

　　頁(머리 혈) : 머리 혈은 한글 '혈' 이나 한자에 모두 받침이 있습니다.

다음 漢字를 나누고 자원을 쓰면서 익히세요.

월   일

說 말씀 설 = ☐ + ☐

性 성품 성 = ☐ + ☐

洗 씻을 세 = ☐ + ☐

歲 해 세 = ☐ + ☐ + ☐

束 묶을 속 = ☐ + ☐

首 머리 수 =

宿 잘 숙 = ☐ + ☐ + ☐

順 순할 순 = ☐ + ☐

示 보일 시 = ☐ + ☐

識 알 식 = ☐ + ☐ + ☐

본문 익히기 89

다음 漢字語의 讀音을 쓰세요.

說 教	性 格	性 能	洗 手
洗 車	歲 月	年 歲	結 束
團 束	首 席	首 都	宿 所
宿 食	順 序	順 理	明 示
公 示	識 別	學 識	

 다음 漢字語를 漢字로 쓰세요.

말씀 설	종교 교	성품 성	격식 격	씻을 세	손 수	해 세	달 월
맺을 결	묶을 속	우두머리 수	자리 석	잘 숙	곳 소	차례 순	차례 서
밝을 명	보일 시	알 식	분별할 별	성품 성	능할 능	씻을 세	차 차
나이 년	나이 세	모을 단	묶을 속	우두머리 수	도읍 도	잘 숙	먹을 식
순할 순	이치 리	공평할 공	보일 시	배울 학	알 식		

예문으로 어휘 익히기(漢字로 쓰인 단어의 뜻을 써보세요.)

01 조금 늦게 기숙사에 들어간 그녀는 어김없이 사감의 긴 **說敎**를 들어야만 했다.

02 그는 **性格**이 쾌활하여 모든 사람들과 잘 어울린다.

03 자동차가 낡긴 했지만 **性能**은 훌륭하다.

04 너무 바빠서 **洗手**도 못하고 출근하였다.

05 **洗車**를 하고나면 꼭 비가 오는 징크스가 있다.

06 **歲月** 가는 줄 모른다.

07 버스나 지하철을 타면 **年歲**가 드신 분들께 자리를 양보하는 젊은이가 많다.

08 외형적인 규모는 줄었는지 모르지만 회원들이 동지적 유대로 **結束**되어 있다.

09 집 안팎 **團束**을 끝내고 잠자리에 들었다.

10 열심히 공부하여 **首席**으로 졸업하는 영예를 안았다.

11 서울특별시는 대한민국의 **首都**로 정치·경제·문화의 중심지이다.

12 그곳에 도착하자마자 **宿所**를 먼저 정하기로 하였다.

13 누추해서 **宿食**이 불편하겠지만 우리 집에서 같이 지냅시다.

14 드디어 그가 발표할 **順序**가 되었다.

15 **順理**에 맞게 일을 처리해야 한다.

16 이 글은 자유라는 주제가 **明示**되어 있다.

17 **公示** 사항을 준수해야 한다.

18 달빛이 제법 밝아서 상대방의 표정까지도 흐릿하게나마 **識別**이 가능할 정도였다.

19 나는 별다른 **學識**도 없는 미천한 사람일 뿐이오.

월　　일

111	臣	臣 0획	머리를 숙이고 있는 **신하**의 모양
		신하　**신**	• 功臣(공신) : 국가에 공로가 있는 신하 • 臣下(신하) : 임금을 섬기어 벼슬하는 사람

112	實	宀 11획	집(宀)에서 꿰어(貫) 말리는 **열매**
		열매 실제　**실**	*貫(꿸 관) : 말라(毋) 하는데 조개(貝)를 뚫어 꿰니 • 果實(과실) : 열매

113	兒	儿 6획	절구(臼)가 걷는(儿) 것처럼 머리가 큰 **아이**
		아이　**아**	• 兒童(아동) : 어린아이 • 育兒(육아) : 어린아이를 기름

114	惡	心 8획	흉할(亞) 정도로 **마음**(心)이 **악하니**
		악할　**악**	• 惡用(악용) : 나쁜 일에 씀 • 惡談(악담) : 남의 일을 나쁘게 말하는 것

자원으로 한자 알기

* 머리를 숙이고 있는 **신하**의 모양　　　☞

* 집(　　)에서 꿰어(貫) 말리는 **열매**　　　☞

* 절구(臼)가 걷는(　　) 것처럼 머리가 큰 **아이**　　　☞

* 흉할(亞) 정도로 마음(　　)이 **악하니**　　　☞

월   일

115	案 木 6획	편안히(安) 책을 볼 수 있도록 **나무**(木)로 만든 **책상**에서 **생각하니**
	案	
책상 생각할 인도할	안	• 代案(대안) : 어떤 안에 대신할 안 • 案內(안내) : 인도하여 내용을 알려 줌

116	約 糸 3획	**실**(糸)로 **싸**(勹) 점(丶)처럼 묶어 **맺으니**
	約	
맺을 약속할 절약할	약	• 約定(약정) : 일을 약속하여 정함 • 期約(기약) : 때를 정하고 약속함

117	養 食 6획	양(羊)을 밥(食) 먹여 **기르니**
	養	
기를	양	• 養成(양성) : 길러냄 • 敎養(교양) : 가르쳐 기름 또는 문화에 대한 폭넓은 지식

118	魚 魚 0획	**싸**(勹) 밭(田)에서 불(灬)에 구워 먹는 **물고기**의 모양
	魚	
물고기	어	• 魚類(어류) : 물고기의 무리 • 活魚(활어) : 살아 있는 물고기

자원으로 한자 알기

* 편안히(安) 책을 볼 수 있도록 나무(   )로 만든 **책상**에서 **생각하니**　　☞

* 실(   )로 싸(勹) 점(丶)처럼 묶어 **맺으니**　　☞

* 양(羊)을 밥(   ) 먹여 **기르니**　　☞

* 싸(勹) 밭(田)에서 불(灬)에 구워 먹는 **물고기**의 모양　　☞

본문 익히기 93

월　　　일

119 漁	氵 11획	물(氵)에 들어가 **물고기**(魚)를 **잡으니**
	漁	
고기 잡을 어		• 漁船(어선) : 고기잡이 하는 배 • 漁夫(어부) : 물고기 잡는 일을 업으로 하는 사람

120 億	亻 13획	**사람**(亻)의 **뜻**(意)은 **억** 수로 많으니
	億	
억　　억		• 數億(수억) : 여러 억 • 億萬長者(억만장자) : 헤아리기 어려울 만큼 많은 재산을 가진 사람

자원으로 한자 알기

* 물(　　)에 들어가 물고기(魚)를 **잡으니**　　　☞
* 사람(　　)의 뜻(意)은 **억** 수로 많으니　　　☞

一思多得

羊	+ 大 =	美(아름다울 미)	양(羊)은 커야(大) **맛나고 아름다우니**
	+ 食 =	養(기를 양)	양(羊)을 밥(食) 먹여 **기르니**

咸	+		=	感(느낄 감)	다(咸) 마음(心)으로 **느끼니**
音	+	心	=	意(뜻 의)	소리(音)쳐 마음(心)의 **뜻**을 전하니
亞	+		=	惡(악할 악)	흉할(亞) 정도로 마음(心)이 **악하니**

114. 惡(미워할 오)

　　흉한(亞) 마음(心)을 **미워한다**는 뜻으로도 쓰입니다.

　　憎惡(증오) : 몹시 미워함

다음 漢字를 나누고 자원을 쓰면서 익히세요.

월   일

臣 신하 신 =

實 열매 실 = □ + □

兒 아이 아 = □ + □

惡 악할 악 = □ + □

案 책상 안 = □ + □

約 맺을 약 = □ + □ + □

養 기를 양 = □ + □

魚 물고기 어 = □ + □ + □

漁 고기 잡을 어 = □ + □

億 억 억 = □ + □

본문 익히기 95

다음 漢字語의 讀音을 쓰세요.

功臣 臣下 果實 兒童

育兒 惡用 惡談 代案

案內 約定 期約 養成

敎養 魚類 活魚 漁船

漁夫 數億

다음 漢字語를 漢字로 쓰세요.

공공 신하신 열매과 열매실 아이아 아이동 악할악 쓸용

대신할대 생각할안 약속할약 정할정 기를양 이룰성 물고기어 무리류

고기잡을어 배선 셈수 억억 신하신 아래하 기를육 아이아

악할악 말씀담 인도할안 안내 때기 약속할약 가르칠교 기를양

살활 물고기어 고기잡을어 사내부

예문으로 어휘 익히기(漢字로 쓰인 단어의 뜻을 써보세요.)

01 건국의 일등 **功臣**들이 모였다.

02 왕의 뜻을 잘 받드는 것이 **臣下**의 도리이다.

03 사과 하나를 꺼내고서 **果實** 바구니를 통째로 건네었다.

04 어른들은 **兒童**을 보호해야 한다.

05 **育兒** 문제로 고민하는 맞벌이 부부가 많다.

06 그 정보의 **惡用**을 막기 위해 여러 가지 노력을 했다.

07 남에게 **惡談**을 듣는 것이 자신의 수양에는 오히려 도움이 된다.

08 이 방법도 썩 좋지는 않으나 다른 **代案**이 없으니 어쩔 수 없다.

09 시내까지 **案內**를 좀 부탁합니다.

10 우리는 어떠한 일이 있어도 모든 것을 함께 책임지기로 굳게 **約定**하였다.

11 언제 만난다는 **期約**도 없이 그들은 헤어졌다.

12 사범 대학은 교육자 **養成**을 목적으로 하는 학교이다.

13 옷은 비록 남루하게 입었으나 대화 속에 분명히 **敎養**과 지성미를 풍기고 있다.

14 **魚類**는 물속에 녹아 있는 산소로 호흡한다.

15 우리 식당에서는 현지 직송한 **活魚**만 취급한다.

16 이곳에서 조업하는 모든 **漁船**은 본국의 허가를 얻어야 한다.

17 저만큼서 고깃배가 지나가며 **漁夫**가 손을 흔들었다.

18 그는 맨주먹으로 **數億**을 벌어들였다.

121	熱	灬	언덕(초)에 둥글게(丸) 모여 앉아 불(灬)을 때니 **덥다**.
		11획	熱
	더울	열	*丸(둥글 환) : 아홉(九) 개가 점(ヽ)처럼 모두 둥그니 • 熱望(열망) : 열렬하게 바람

122	葉	艹	풀(艹)처럼 세상(世)의 나무(木)에 열리는 **잎**
		9획	葉
	잎	엽	• 竹葉(죽엽) : 대나무 잎 • 秋風落葉(추풍낙엽) : 가을바람에 떨어지는 나뭇잎

123	屋	尸	지붕(尸) 밑에 이르러(至) 쉬는 **집**
		6획	屋
	집	옥	• 屋外(옥외) : 집의 밖 • 家屋(가옥) : 사람이 사는 집

124	完	宀	집(宀)을 으뜸(元)으로 여겨 **완전하게** 지으니
		4획	完
	완전할	완	*元(으뜸 원) : 하늘땅(二)의 많은 생물 중에서 걷는 사람(儿)이 으뜸이니 • 完成(완성) : 완전히 이룸

자원으로 한자 알기

* 언덕(초)에 둥글게(丸) 모여 앉아 불(　)을 때니 **덥다**. ☞

* 풀(　)처럼 세상(世)의 나무(木)에 열리는 **잎** ☞

* 지붕(　) 밑에 이르러(至) 쉬는 **집** ☞

* 집(　)을 으뜸(元)으로 여겨 **완전하게** 지으니 ☞

월   일

125 曜	日 14획	햇빛(日)을 받아 깃(羽)이 새(隹)에서 **빛나니**
		曜
빛날 요일	요	• 曜曜(요요) : 빛나는 모양 • 曜日(요일) : 그 주의 하루

126 要	襾 3획	덮어(襾)서 여자(女)는 **중요한** 곳을 가리니
		要
중요할 구할	요	• 要件(요건) : 중요한 용건 • 重要(중요) : 매우 귀중하고 소중함

127 浴	氵 7획	물(氵)이 있는 골짜기(谷)에서 **목욕하니**
		浴
목욕할	욕	• 浴室(욕실) : 목욕하는 방 • 日光浴(일광욕) : 건강을 위하여 햇볕에 몸을 쬠

128 友	又 2획	손(ナ)과 손(又)을 잡고 악수하는 **벗**
		友
벗 우애	우	• 交友(교우) : 벗을 사귐 • 友愛(우애) : 형제간 또는 친구간의 정

자원으로 한자 알기

* 햇빛(   )을 받아 깃(羽)이 새(隹)에서 **빛나니**

* 덮어(   )서 여자(女)는 **중요한** 곳을 가리니

* 물(   )이 있는 골짜기(谷)에서 **목욕하니**

* 손(ナ)과 손(   )을 잡고 악수하는 **벗**

월　　　일

129	牛	牛 0획	사람(𠂉)에게 많은(十) 이로움을 주는 **소**						
			牛						
	소	우	• 牛馬(우마) : 소와 말 • 韓牛(한우) : 우리나라 재래종의 소						

130	雨	雨 0획	하늘(一)을 덮은(冂) 구름에서 물(氺)방울이 떨어져 **비**라는 뜻						
			雨						
	비	우	• 雨量(우량) : 비가 온 분량 • 雨期(우기) : 일 년 중에서 비가 가장 많이 오는 시기						

자원으로 한자 알기

* 사람(𠂉)에게 많은(十) 이로움을 주는 **소** ☞

* 하늘(一)을 덮은(冂) 구름에서 물(氺)방울이 떨어져 **비**라는 뜻 ☞

一思多得

尸	+	ㄱ ㅁ	=	局(방 국)	지붕(尸) 밑에 구부리고(ㄱ) 입구(口)를 낸 **방**
	+	至	=	屋(집 옥)	지붕(尸) 밑에 이르러(至) 쉬는 **집**

	+	口	=	右(오른쪽 우)	오른손(ナ)은 입(口)의 **오른쪽**에 있는 것이니
ナ	+	工	=	左(왼쪽 좌)	오른손(ナ)으로 물건을 만들(工) 때 도와주는 **왼쪽** 손
	+	月	=	有(있을 유)	오른손(ナ)으로 달(月)을 가릴 수 **있으니**
	+	又	=	友(벗 우)	손(ナ)과 손(又)을 잡고 악수하는 **벗**

129. 牛(소 우)　午(낮 오) 잘 구별하세요.

　　牛(소 우) : 𠂉(사람 인)을 뚫었고 ⇒ 소는 뿔이 있으니 뚫은 것은 牛(소 우)라 생각하세요.

　　午(낮 오) : 𠂉(사람 인)과 맞닿아 있다.

다음 漢字를 나누고 자원을 쓰면서 익히세요.   월   일

熱 더울 열	=		+		+	
葉 잎 엽	=		+		+	
屋 집 옥	=		+			
完 완전할 완	=		+			
曜 빛날 요	=		+		+	
要 중요할 요	=		+			
浴 목욕할 욕	=		+			
友 벗 우	=		+			
牛 소 우	=		+			
雨 비 우	=		+		+	

다음 漢字語의 讀音을 쓰세요.　　　　　　　　　　월　　　일

熱望	竹葉	屋外	家屋
完成	曜曜	曜日	要件
重要	浴室	交友	友愛
牛馬	韓牛	雨量	雨期

 다음 漢字語를 漢字로 쓰세요.

더울 열	바랄 망	대 죽	잎 엽	집 옥	바깥 외	완전할 완	이룰 성
빛날 요	빛날 요	중요할 요	조건 건	목욕할 욕	방 실	사귈 교	벗 우
소 우	말 마	비 우	용량 량	집 가	집 옥	요일 요	날 일
중요할 중	중요할 요	우애 우	사랑 애	한국 한	소 우	비 우	때 기

예문으로 어휘 익히기(漢字로 쓰인 단어의 뜻을 써보세요.)

01 그들의 마음은 통일에 대한 **熱望**으로 가득 찼다.

02 **竹葉**은 성질이 차서 한방에서 해열제로 쓴다.

03 황사가 심하니 **屋外** 활동을 삼가라.

04 그 마을에는 아직도 전통 **家屋**이 여러 채 남아 있다.

05 결혼은 사랑의 **完成**이다.

06 별빛이 **曜曜**한 밤이다.

07 봉사자들은 각 **曜日**마다 돌아가며 전화 상담을 맡고 있다.

08 자격 **要件**을 갖추어야만 시험에 응시할 수 있다.

09 이 연극에서 **重要** 인물은 아니지만 없어서는 안 될 역할이다.

10 **浴室**에 들어가 샤워를 하다.

11 형은 **交友** 관계가 좋다.

12 그 형제는 **友愛**가 넘친다.

13 퇴직 후에는 농장에서 **牛馬**를 키울 생각이다.

14 수입 쇠고기가 **韓牛**보다 싸다.

15 **雨量**계는 비가 내린 양을 재는 기구이다.

16 중국 남방지역에 **雨期**가 와서 그 빗물에 불어난 물로 인해 강이 범람하였다.

월   일

131	雲	雨 4획	비(雨)올 것을 **말하여**(云) 주는 **구름**
			雲
	구름	운	*云(이를 운) : 둘(二)이 사사로이(厶) 말하니 • 雲海(운해) : 구름이 덮인 바다

132	雄	隹 4획	손(ナ)에 있는 내(厶) 새(隹)는 **수컷**이니
			雄
	수컷 뛰어날	웅	• 雄大(웅대) : 웅장하고 규모가 큼 • 英雄(영웅) : 지혜와 재능이 뛰어나 대업을 성취한 사람

133	元	儿 2획	하늘땅(二)의 많은 생물 중에서 **걷는 사람**(儿)이 **으뜸**이니
			元
	으뜸	원	• 元日(원일) : 설날 • 元祖(원조) : 어떤 일을 시작한 사람

134	院	阝 7획	언덕(阝)에 완전하게(完) 지은 **집**
			院
	집	원	• 開院(개원) : 학원, 병원 등을 처음으로 엶 • 醫院(의원) : 병자를 치료하기 위해 특별한 시설을 한 집

자원으로 한자 알기

* 비(　　)올 것을 말하여(云) 주는 **구름**

* 손(ナ)에 있는 내(厶) 새(　　)는 **수컷**이니

* 하늘땅(二)의 많은 생물 중에서 걷는 사람(　　)이 **으뜸**이니

* 언덕(　　)에 완전하게(完) 지은 **집**

월   일

135	原	厂 8획	바위(厂) 밑에서 하얗게(白) 샘솟는 물이 작은(小) 물줄기의 근원이니
	근원 언덕	원	原
			• 原理(원리) : 사물의 근본이 되는 법칙 • 原料(원료) : 물건을 만드는 데 들어가는 재료

136	願	頁 10획	언덕(原)에서 하늘에 제사지내며 머리(頁)를 숙이고 원하니
	원할	원	願
			• 願望(원망) : 원하고 바람 • 願書(원서) : 지원하거나 청원하는 내용을 적은 서류

137	位	亻 5획	사람(亻)마다 서(立)는 자리가 정해져 있으니
	자리	위	位
			• 高位(고위) : 높고 귀한 자리 • 地位(지위) : 개인의 사회적 신분에 따르는 위치나 자리

138	偉	亻 9획	사람(亻)이 가죽(韋) 옷을 입을 정도로 크고 위대하니
	클 위대할	위	偉
			• 偉人(위인) : 위대한 사람 • 偉大(위대) : 뛰어나고 훌륭함

자원으로 한자 알기

* 바위(   ) 밑에서 하얗게(白) 샘솟는 물이 작은(小) 물줄기의 근원이니

* 언덕(原)에서 하늘에 제사지내며 머리(   )를 숙이고 원하니

* 사람(   )마다 서(立)는 자리가 정해져 있으니

* 사람(   )이 가죽(韋)옷을 입을 정도로 크고 위대하니

본문 익히기 105

139	以	人 3획	사사로운(厶) 사람(人) 으로써 까닭이 있으니						
			以						
	써 까닭	이	• 以實直告(이실직고) : 사실 그대로 고함 • 自古以來(자고이래) : 옛날부터 지금까지						
140	耳	耳 0획	귀의 모양						
			耳						
	귀	이	• 耳順(이순) : 나이 예순을 일컫는 말 • 耳目(이목) : 귀와 눈 또는 주의나 관심						

자원으로 한자 알기

* 사사로운(厶) 사람(　) 으로써 까닭이 있으니　　☞

* 귀의 모양　　☞

一思多得

屮	+		=	先(먼저 선)	소(屮)가 걷는 사람(儿)보다 앞장서 먼저 가니
口	+		=	兄(형 형)	입(口)으로 말하며 걷는(儿) 형
目	+	儿	=	見(볼 견)	눈(目)으로 걸어(儿) 다니며 보니
臼	+		=	兒(아이 아)	절구(臼)가 걷는(儿) 것처럼 머리가 큰 아이
二	+		=	元(으뜸 원)	하늘땅(二)의 많은 생물 중에서 걷는 사람(儿)이 으뜸이니

雨	+	曰 乚	=	電(번개 전)	비(雨)올 때 말(曰)하듯 번쩍이며 구부리고(乚) 치는 번개
	+	云	=	雲(구름 운)	비(雨)올 것을 말하여(云) 주는 구름

다음 漢字를 나누고 자원을 쓰면서 익히세요.

월   일

雲 구름 운 = ☐ + ☐

雄 수컷 웅 = ☐ + ☐ + ☐

元 으뜸 원 = ☐ + ☐

院 집 원 = ☐ + ☐

原 근원 원 = ☐ + ☐ + ☐

願 원할 원 = ☐ + ☐

位 자리 위 = ☐ + ☐

偉 클 위 = ☐ + ☐

以 써 이 = ☐ + ☐

耳 귀 이

본문 익히기 107

다음 漢字語의 讀音을 쓰세요.   월   일

雲 海	雄 大	英 雄	元 日
元 祖	開 院	醫 院	原 理
原 料	願 望	願 書	高 位
地 位	偉 人	偉 大	耳 順
耳 目			

 다음 漢字語를 漢字로 쓰세요.

구름 운 바다 해	웅장할 웅 큰 대	으뜸 원 날 일	열 개 집 원
근원 원 이치 리	원할 원 바랄 망	높을 고 자리 위	위대할 위 사람 인
귀 이 순할 순	뛰어날 영 뛰어날 웅	으뜸 원 할아비 조	의원 의 집 원
근원 원 재료 료	원할 원 쓸 서	지위 지 자리 위	위대할 위 큰 대
귀 이 눈 목			

예문으로 어휘 익히기(漢字로 쓰인 단어의 뜻을 써보세요.)   월   일

01 산 정상에 올라 발아래를 굽어보니 **雲海**가 장관이었다.

02 그 성당은 규모가 **雄大**하고 장엄하였다.

03 이순신 장군은 민족적 **英雄**이다.

04 **元日**이라고도 하는 설날은 우리나라 명절의 하나로 정월 초하룻날이다.

05 우리의 장은 일본에 건너가 고려장이라 불렸으며 이것이 일본 된장의 **元祖**가 되었다.

06 우리 병원이 **開院** 10주년을 맞이했다.

07 동네 **醫院** 용한 줄 모른다.

08 에디슨은 전기의 **原理**를 발견하여 실생활에 이용했다.

09 콩은 두부나 콩나물, 콩기름 등의 **原料**로 쓴다.

10 시험에 합격하기를 **願望**하다.

11 입사 **願書**를 접수 기간 내에 제출했다.

12 아버지는 **高位** 공직자로 재직하다 퇴직하셨다.

13 사람은 모름지기 **地位**가 높아질수록 스스로 겸손해야 한다.

14 **偉人**의 일대기를 소재로 영화를 만들다.

15 어머니의 사랑은 **偉大**하다.

16 어머니 연세가 **耳順**에 이르렀다.

17 올림픽 개막식이 시작되자 전 세계의 **耳目**이 쏠렸다.

141	因	口 3획	울타리(口)가 크고(大) 튼튼해야 의지하고 사니
			因
	의지할 까닭	인	• 因果(인과) : 원인과 결과 • 原因(원인) : 어떤 일의 근본이 되는 까닭

142	任	亻 4획	사람(亻)들이 아첨하며(壬) 일을 맡기니
			任
	맡길	임	• 信任(신임) : 믿고 일을 맡기는 일 • 任用(임용) : 직무를 맡기어 사람을 씀

143	再	冂 4획	하나(一)의 성(冂)을 흙(土)으로 두 번이나 거듭 쌓으니
			再
	두 거듭	재	• 再考(재고) : 다시 생각함 • 再建(재건) : 무너진 것을 다시 건설함

144	材	木 3획	나무(木)를 재주(才) 있게 다듬어 재목으로 쓰니
			材
	제목 재료	재	• 材料(재료) : 물건을 만드는 데 드는 원료 • 敎材(교재) : 가르치고 배우는 데 쓰이는 재료

자원으로 한자 알기

* 울타리(   )가 크고(大) 튼튼해야 의지하고 사니 ☞

* 사람(   )들이 아첨하며(壬) 일을 맡기니 ☞

* 하나(一)의 성(   )을 흙(土)으로 두 번이나 거듭 쌓으니 ☞

* 나무(   )를 재주(才) 있게 다듬어 재목으로 쓰니 ☞

145	財	貝 3획	돈(貝) 버는 **재주**(才)가 있어 **재물**이 늘어나니
	재물	재	• 財界(재계) : 실업가 및 금융업자의 사회 • 財物(재물) : 돈이나 그 밖의 온갖 값나가는 물건

146	災	火 3획	냇물(巛)과 **불**(火)로 일어나는 **재앙**
	재앙	재	• 火災(화재) : 불로 인한 재앙 • 水災(수재) : 장마나 홍수로 인한 재앙

147	爭	爫 4획	손톱(爫)으로 할퀴고 **손**(크)에 **갈고리**(亅)를 들고 **다투니**
	다툴	쟁	• 言爭(언쟁) : 말다툼 • 戰爭(전쟁) : 국가와 국가 또는 교전 단체 사이에 무력을 사용하여 싸움

148	貯	貝 5획	돈(貝)을 **집**(宀)에 **고무래**(丁)로 긁어모으듯 모아 **쌓아두니**
	쌓을	저	• 貯金(저금) : 돈을 모아 둠 • 貯水(저수) : 물을 모아 둠

자원으로 한자 알기

* 돈(　　) 버는 재주(才)가 있어 **재물**이 늘어나니

* 냇물(巛)과 불(　　)로 일어나는 **재앙**

* 손톱(　　)으로 할퀴고 손(크)에 갈고리(亅)를 들고 **다투니**

* 돈(　　)을 집(宀)에 고무래(丁)로 긁어모으듯 모아 **쌓아두니**

월   일

149 的 괴녁 적	白 3획	흰(白) 바탕에 싸여(勺) 있는 점(丶) 같은 **과녁**
		的
		• 目的(목적) : 일을 이루려 하는 목표 • 的中(적중) : 목표에 어김없이 들어맞음

150 赤 붉을 적	赤 0획	땅(土)에서 타고 있는 불(火)이 **붉다**.
		赤
		• 赤旗(적기) : 붉은 기 • 赤信號(적신호) : 위험신호

자원으로 한자 알기

* 흰(　) 바탕에 싸여(勺) 있는 점(丶) 같은 **과녁**　　　☞

* 땅(土)에서 타고 있는 불(火)이 **붉다**.　　　☞

一思多得

木	+	寸	=	村(마을 촌)	나무(木) 옆에서 촌수(寸)를 따지는 **마을**
	+	才	=	材(재목 재)	나무(木)를 재주(才) 있게 다듬어 **재목**으로 쓰니

木	+		=	材(재목 재)	나무(木)를 재주(才) 있게 다듬어 **재목**으로 쓰니
貝	+	才	=	財(재물 재)	돈(貝) 버는 재주(才)가 있어 **재물**이 늘어나니

다음 漢字를 나누고 자원을 쓰면서 익히세요.

월　　일

因 = ☐ + ☐
의지할 인

任 = ☐ + ☐
맡길 임

再 = ☐ + ☐ + ☐
거듭 재

材 = ☐ + ☐
재목 재

財 = ☐ + ☐
재물 재

災 = ☐ + ☐
재앙 재

爭 = ☐ + ☐ + ☐
다툴 쟁

貯 = ☐ + ☐ + ☐
쌓을 저

的 = ☐ + ☐ + ☐
과녁 적

赤 = ☐ + ☐
붉을 적

본문 익히기 113

다음 漢字語의 讀音을 쓰세요.

因果	原因	信任	任用
再考	再建	材料	敎材
財界	財物	火災	水災
言爭	戰爭	貯金	貯水
目的	的中	赤旗	

 다음 漢字語를 漢字로 쓰세요.

원인 인	결과 과	믿을 신	맡길 임	다시 재	생각할 고	재료 재	재료 료
재물 재	경계 계	불 화	재앙 재	말씀 언	다툴 쟁	쌓을 저	돈 금
항목 목	목표 적	붉을 적	기 기	근원 원	까닭 인	맡길 임	쓸 용
다시 재	세울 건	가르칠 교	재료 재	재물 재	물건 물	물 수	재앙 재
싸움 전	다툴 쟁	쌓을 저	물 수	목표 적	맞을 중		

예문으로 어휘 익히기(漢字로 쓰인 단어의 뜻을 써보세요.)

01 '아니 땐 굴뚝에 연기 날까' 라는 속담은 因果관계를 비유한 표현이다.

02 사고의 原因을 조사하다.

03 그 일의 성공으로 인해 사장의 信任을 얻었다.

04 요즘은 정식 교사 任用이 늘어나는 추세입니다.

05 워낙 중대 사안인지라 계획의 실행 여부를 再考하였다.

06 전쟁이 끝난 뒤에 도시의 再建이 이루어졌다.

07 材料가 부족하여 공장에서 물건을 만들지 못하고 있다.

08 요즘은 시청각 교육을 위한 여러 가지 敎材가 많이 개발되었다.

09 경제 호황으로 財界의 움직임이 활발하다.

10 순간 財物에 눈이 어두워 해서는 안 될 일을 저질렀다.

11 가을은 火災 예방을 위한 집중 단속 기간이다.

12 지난 여름 장마에 水災를 당했다.

13 言爭을 벌이다.

14 정부는 범죄와의 戰爭을 선포했다.

15 월급의 30%를 貯金하고 있다.

16 댐에 貯水된 물을 농업용수로 쓰다.

17 目的을 향해 나아가다.

18 그의 화살은 이번에도 그대로 과녁에 的中되었다.

19 赤旗를 꽂아 위험신호를 보냈다.

자원으로 한자 알기   월   일

101 말(　)을 바꾸어(兑) 달래니

102 마음(　)에서 나오는(生) 성품

103 물(　)로 먼저(先) 씻으니

104 크기를 그치고(　) 개(戌)가 작은(少) 새끼를 낳기까지는 한 해가 걸리니

105 나무(　)를 에워(口) 싸 묶고 약속하니

106 머리의 모양

107 집(　)에서 사람(亻) 백(百)명이 자니

108 냇물(川)이 흐르듯 거스르지 않고 우두머리(　)의 명령을 순하게 따르니

109 하늘땅(二)의 작은(小) 일도 살펴 길흉을 보이니 신

110 말(　)이나 소리(音)를 창(戈)으로 알게 기록하니

111 머리를 숙이고 있는 신하의 모양

112 집(　)에서 꿰어(貫) 말리는 열매

113 절구(臼)가 걷는(　) 것처럼 머리가 큰 아이

114 흉할(亞) 정도로 마음(　)이 악하니

115 편안히(安) 책을 볼 수 있도록 나무(　)로 만든 책상에서 생각하니

116 실(　)로 싸(勹) 점(丶)처럼 묶어 맺으니

117 양(羊)을 밥(　) 먹여 기르니

118 싸(勹) 밭(田)에서 불(灬)에 구워 먹는 물고기의 모양

119 물(　)에 들어가 물고기(魚)를 잡으니

120 사람(　)의 뜻(意)은 억 수로 많으니

121 언덕(坴)에 둥글게(丸) 모여 앉아 불(　)을 때니 덥다.

122 풀(　)처럼 세상(世)의 나무(木)에 열리는 잎

123 지붕(　) 밑에 이르러(至) 쉬는 집

124 집(　)을 으뜸(元)으로 여겨 완전하게 지으니

125 햇빛(　)을 받아 깃(羽)이 새(隹)에서 빛나니

자원으로 한자 알기　　　　　　　　　　　　　　　　　　　　　월　　일

126　덮어(　)서 여자(女)는 **중요한** 곳을 가리니

127　물(　)이 있는 골짜기(谷)에서 **목욕하니**

128　손(ナ)과 손(　)을 잡고 악수하는 **벗**

129　사람(亠)에게 많은(十) 이로움을 주는 **소**

130　하늘(一)을 덮은(冖) 구름에서 물(氺)방울이 떨어져 **비**라는 뜻

131　비(　)올 것을 말하여(云) 주는 **구름**

132　손(ナ)에 있는 내(厶) 새(　)는 **수컷**이니

133　하늘땅(二)의 많은 생물 중에서 걷는 사람(　)이 **으뜸**이니

134　언덕(　)에 완전하게(完) 지은 **집**

135　바위(　) 밑에서 하얗게(白) 샘솟는 물이 작은(小) 물줄기의 **근원**이니

136　언덕(原)에서 하늘에 제사지내며 머리(　)를 숙이고 **원하니**

137　사람(　)마다 서(立)는 **자리**가 정해져 있으니

138　사람(　)이 가죽(韋) 옷을 입을 정도로 **크고 위대하니**

139　사사로운(厶) 사람(　)으로**써 까닭**이 있으니

140　**귀**의 모양

141　울타리(　)가 크고(大) 튼튼해야 **의지하고** 사니

142　사람(　)들이 아첨하여(壬) 일을 **맡기니**

143　하나(一)의 성(　)을 흙(土)으로 **두 번이나 거듭** 쌓으니

144　나무(　)를 재주(才) 있게 다듬어 **재목**으로 쓰니

145　돈(　) 버는 재주(才)가 있어 **재물**이 늘어나니

146　냇물(巛)과 불(　)로 일어나는 **재앙**

147　손톱(　)으로 할퀴고 손(크)에 갈고리(亅)를 들고 **다투니**

148　돈(　)을 집(宀)에 고무래(丁)로 긁어모으듯 모아 **쌓아두니**

149　흰(　) 바탕에 싸여(勹) 있는 점(丶) 같은 **과녁**

150　땅(土)에서 타고 있는 불(火)이 **붉다**.

본문 익히기　117

다음 漢字의 訓과 音을 쓰세요.

說	性	洗	歲	束	首	宿
順	示	識	臣	實	兒	惡
案	約	養		魚	漁	億
熱	葉				屋	完
曜						要
浴	友				牛	雨
雲	雄	元		院	原	願
位	偉	以	耳	因	任	再
材	財	災	爭	貯	的	赤

101-150번 익히기

다음의 訓과 音을 지닌 漢字를 쓰세요.

월   일

말씀 설	성품 성	씻을 세	해 세	묶을 속	머리 수	잘 숙
순할 순	보일 시	알 식	신하 신	열매 실	아이 아	악할 악
책상 안	맺을 약	기를 양		물고기 어	고기 잡을 어	억 억
더울 열	잎 엽				집 옥	완전할 완
빛날 요						중요할 요
목욕할 욕	벗 우				소 우	비 우
구름 운	수컷 웅	으뜸 원		집 원	근원 원	원할 원
자리 위	클 위	써 이	귀 이	의지할 인	맡길 임	두 재
재목 재	재물 재	재앙 재	다툴 쟁	쌓을 저	과녁 적	붉을 적

101-150번 익히기

월   일

151	傳	亻 11획	사람(亻)들이 오로지(專) 들은 대로 **전하니**
		傳	
	전할	전	*專(오로지 전) : 수레(車)를 규칙(寸)에 따라 오로지 살피니 • 以心傳心(이심전심) : 마음에서 마음으로 전달됨

152	典	八 6획	악곡(曲)이 적힌 여덟(八)권의 **책**
		典	
	책 법	전	• 字典(자전) : 한자를 모아 그 뜻을 풀어 놓은 책 • 古典(고전) : 옛날의 의식이나 법식

153	展	尸 7획	지붕(尸) 밑에 약풀(卄) 한(一) 더미를 갈고리(乚)로 삐치고(丿) 파여(乀) **펼치니**
		展	
	펼	전	• 展開(전개) : 열리어 나타남 • 展示(전시) : 여러 가지 물건을 벌여 놓고 보임

154	切	刀 2획	일곱(七) 개를 칼(刀)로 **모두 끊으니**
		切	
	끊을 모두	절 체	• 切開(절개) : 째거나 갈라서 벌림 • 一切(일체) : 모든 것

자원으로 한자 알기

* 사람(　　)들이 오로지(專) 들은 대로 **전하니**　　☞

* 악곡(曲)이 적힌 여덟(　　)권의 **책**　　☞

* 지붕(　　) 밑에 약풀(卄) 한(一) 더미를 갈고리(乚)로 삐치고(丿) 파여(乀) **펼치니**　　☞

* 일곱(七) 개를 칼(　　)로 **모두 끊으니**　　☞

월   일

155	節	竹 9획	대나무(竹)가 자라면서 **곧바로**(卽) 생기는 **마디**
			節
	마디 때 절약할	절	*卽(곧 즉) : 흰(白) 비수(匕) 앞에 곧바로 무릎(卩)을 꿇으니 • 節度(절도) : 일이나 행동을 똑똑 끊어 맺는 마디

156	店	广 5획	큰집(广)에서 점(卜)치듯 입(口)으로 말하며 물건을 파는 **가게**
			店
	가게	점	• 商店(상점) : 장사하는 가게 • 書店(서점) : 책을 파는 가게

157	停	亻 9획	사람(亻)들이 정자(亭)에 **머무르니**
			停
	머무를	정	*亭(정자 정) : 높은(亠) 곳에 장정(丁)이 지은 정자 • 停車(정차) : 차가 정지하는 것

158	情	忄 8획	마음(忄)에 젊은이(靑)가 품은 **뜻**
			情
	뜻	정	• 愛情(애정) : 사랑하는 마음 • 人情(인정) : 남을 동정하는 마음

자원으로 한자 알기

* 대나무(   )가 자라면서 곧바로(卽) 생기는 **마디**   ☞

* 큰집(   )에서 점(卜)치듯 입(口)으로 말하며 물건을 파는 **가게**   ☞

* 사람(   )들이 정자(亭)에 **머무르니**   ☞

* 마음(   )에 젊은이(靑)가 품은 **뜻**   ☞

159	調	言 8획	말(言)을 두루(周) 고르게 듣고 조사하니
			調
	고를 조사할	조	*周(두루 주) : 성(冂) 안의 땅(土)을 두루 살피며 입(口)으로 설명하니 • 調和(조화) : 서로 잘 어울림

160	操	扌 13획	손(扌)으로 물건(品)을 만들기 위해 나무(木)를 잡아 다루니
			操
	집을 다룰	조	• 操業(조업) : 작업을 실시함 • 操心(조심) : 실수가 없도록 마음을 삼가서 경계함

자원으로 한자 알기

* 말(　)을 두루(周) 고르게 듣고 조사하니
* 손(　)으로 물건(品)을 만들기 위해 나무(木)를 잡아 다루니

一思多得

亻	+	專	=	傳(전할 전)	사람(亻)들이 오로지(專) 들은 대로 전하니
	+	亭	=	停(머무를 정)	사람(亻)들이 정자(亭)에 머무르니

氵	+	青	=	淸(맑을 청)	물(氵)의 색이 푸르러(靑) 맑고 깨끗하니
忄	+		=	情(뜻 정)	마음(忄)에 젊은이(靑)가 품은 뜻

다음 漢字를 나누고 자원을 쓰면서 익히세요.

월   일

傳 전할 전 = ☐ + ☐

典 책 전 = ☐ + ☐

展 펼 전 = ☐ + ☐ + ☐ + ☐ + ☐ + ☐

切 끊을 절 = ☐ + ☐

節 마디 절 = ☐ + ☐

店 가게 점 = ☐ + ☐ + ☐

停 머무를 정 = ☐ + ☐

情 뜻 정 = ☐ + ☐

調 고를 조 = ☐ + ☐

操 잡을 조 = ☐ + ☐ + ☐

본문 익히기 123

다음 漢字語의 讀音을 쓰세요.   월   일

字 典	古 典	展 開	展 示
切 開	一 切	節 度	商 店
書 店	停 車	愛 情	人 情
調 和	操 業	操 心	

 다음 漢字語를 漢字로 쓰세요.

글자 자 책 전	펼 전 열 개	끊을 절 열 개	마디 절 법도 도
장사 상 가게 점	머무를 정 차 차	사랑 애 뜻 정	고를 조 화할 화
잡을 조 일 업	예 고 법 전	펼 전 보일 시	모든 일 모두 체
책 서 가게 점	사람 인 뜻 정	잡을 조 마음 심	

예문으로 어휘 익히기(漢字로 쓰인 단어의 뜻을 써보세요.)

01 모르는 한자는 **字典**을 찾아보면 된다.

02 아직도 **古典**적인 방법으로 항아리를 만들고 있다.

03 이야기 **展開**가 너무 산만하다.

04 이번 달로 미술품 **展示**가 끝난다.

05 며칠 전 **切開** 수술을 받았다.

06 도난에 대한 **一切**의 책임을 지지 않는다.

07 군인은 행동 하나하나에도 언제나 **節度**가 있어야 한다.

08 어두워지자 **商店**에 하나 둘 불이 켜졌다.

09 학교 가는 길에 **書店**에 들러 참고서를 한 권 샀다.

10 교통순경이 **停車** 위반 택시 운전기사에게 딱지를 떼었다.

11 그는 자신이 운영하는 서점에 큰 **愛情**을 가지고 있다.

12 우리 고향은 **人情**이 넘치는 마을이다.

13 그 연극은 무대 장치와 등장인물의 **調和**가 뛰어났다.

14 오염 해역에서는 모든 어선들의 **操業**을 금지하고 있다.

15 누구 하나 기침 한 번 크게 하는 사람 없고, 모두 **操心**을 하느라 죽은 듯 조용하다.

월   일

161	卒	十 6획	머리(亠)에 갓 쓴 **사람**(人)과 **사람**(人)들이 **십**(十)일 만에 **군사**교육을 **마치니**
		卒	
	군사 마칠	졸	• 兵卒(병졸) : 군사 • 卒業(졸업) : 규정된 교육 과정을 마침

162	種	禾 9획	**벼**(禾)는 **무겁고**(重) 실한 것을 **씨**로 삼으니
		種	
	씨 종류	종	• 各種(각종) : 여러 가지의 종류 • 種類(종류) : 사물의 부문을 나누는 갈래

163	終	糸 5획	**실**(糸) 짜는 일을 **겨울**(冬)에 **마치니**
		終	
	마칠	종	• 終結(종결) : 완전히 끝남 • 有終(유종) : 끝을 완전히 맺음

164	罪	四 8획	**법망**(罒)에 걸린 옳지 **아니한**(非) **죄**
		罪	
	허물	죄	• 罪人(죄인) : 죄를 지은 사람 • 罪惡(죄악) : 죄가 될 만한 악행

자원으로 한자 알기

* 머리(亠)에 갓 쓴 사람(人)과 사람(人)들이 십(   )일 만에 **군사**교육을 **마치니**   ☞

* 벼(   )는 무겁고(重) 실한 것을 **씨**로 삼으니   ☞

* 실(   ) 짜는 일을 겨울(冬)에 **마치니**   ☞

* 법망(   )에 걸린 옳지 아니한(非) **죄**   ☞

165	週	辶 8획	두루(周) 살피기 위해 뛰어(辶) 도는데 **일주일** 걸리니
			週
	주일	주	• 週末(주말) : 한 주일의 끝 • 週番(주번) : 한 주일마다 차례로 바꾸어 하는 근무

166	州	川 3획	점(丶)처럼 냇물(川)이 흐르는 곳에 형성된 **고을**
			州
	고을	주	• 全州(전주) : 전라북도의 도청 소재지가 있는 곳 • 光州(광주) : 전라남도의 도청 소재지가 있는 곳

167	止	止 0획	발의 모양으로 발로 서고 **그친다**는 뜻
			止
	그칠	지	• 停止(정지) : 하던 일을 중도에 그침 • 止血(지혈) : 나오는 피를 그치게 함

168	知	矢 3획	화살(矢)처럼 빠르게 입(口)으로 말할 수 있으니 **알지**
			知
	알	지	• 知能(지능) : 지혜와 재능 • 親知(친지) : 서로 알고 가깝게 지내는 사람

자원으로 한자 알기

* 두루(周) 살피기 위해 뛰어(　　) 도는데 **일주일** 걸리니

* 점(丶)처럼 냇물(　　)이 흐르는 곳에 형성된 **고을**

* 발의 모양으로 발로 서고 **그친다**는 뜻

* 화살(　　)처럼 빠르게 입(口)으로 말할 수 있으니 **알지**

월   일

169	質	貝 8획	도끼(斤) 두 개를 돈(貝) 주고 사면서 **품질**을 따지니
		質	
	품질 바탕 성질	질	• 體質(체질) : 몸의 성질 • 性質(성질) : 사물이 본디부터 가지고 있는 고유한 특성

170	着	目 7획	양(䍃)의 끈(丿) 같은 털이 눈(目)에 **붙으니**
		着	
	붙을 다다를	착	• 着陸(착륙) : 비행기가 육지에 내림 • 定着(정착) : 한 곳에 자리 잡아 떠나지 않음

자원으로 한자 알기

* 도끼(斤) 두 개를 돈(　) 주고 사면서 **품질**을 따지니
* 양(䍃)의 끈(丿) 같은 털이 눈(　)에 **붙으니**

一思多得

言	+	周	=	調(고를 조)	말(言)을 두루(周) **고르게** 듣고 **조사하니**
辶	+		=	週(주일 주)	두루(周) 살피기 위해 뛰어(辶) 도는데 **일주일** 걸리니

禾	+	口	=	和(화할 화)	벼(禾)를 수확하여 여럿이 나누어 입(口)으로 먹으면 **화목하니**
力	+		=	加(더할 가)	힘(力)내려고 입(口)에 음식을 **더하니**
矢	+		=	知(알 지)	화살(矢)처럼 빠르게 입(口)으로 말할 수 있으니 **알지**

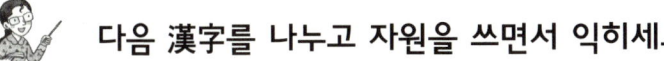

월   일

卒 마칠 졸	=	+	+	+
種 씨 종	=	+
終 마칠 종	=	+
罪 허물 죄	=	+
週 주일 주	=	+
州 고을 주	=	+
止 그칠 지	=
知 알 지	=	+
質 품질 질	=	+	+
着 붙을 착	=	+	+

본문 익히기 129

다음 漢字語의 讀音을 쓰세요.

兵卒	卒業	各種	種類
終結	有終	罪人	罪惡
週末	週番	全州	光州
停止	止血	知能	親知
體質	性質	着陸	定着

다음 漢字語를 漢字로 쓰세요.

병사 병	군사 졸	각각 각	종류 종	마칠 종	맺을 결	허물 죄	사람 인
주일 주	끝 말	온전할 전	고을 주	머무를 정	그칠 지	알 지	재능 능
몸 체	성질 질	붙을 착	뭍 륙	마칠 졸	학업 업	종류 종	무리 류
있을 유	마칠 종	허물 죄	악할 악	주일 주	차례 번	빛 광	고을 주
그칠 지	피 혈	친할 친	알 지	성품 성	성질 질	정할 정	붙을 착

예문으로 어휘 익히기(漢字로 쓰인 단어의 뜻을 써보세요.)   월   일

01 이순신 장군은 모든 장령과 **兵卒**들을 거느리고 한산섬으로 상륙을 하였다.

02 같은 해에 학교에 들어가서 함께 다니고 **卒業**도 함께 했다.

03 위성 방송을 신청하면 **各種** TV 프로그램을 골라볼 수 있다.

04 학과들이 특성화되면서 교과의 **種類**가 많아졌다.

05 사건의 수사가 **終結** 단계에 이르렀다.

06 이번 회의에서는 시종일관 **有終**의 미를 다합시다.

07 **罪人**의 얼굴을 보려고 이웃 마을에서까지 사람들이 모여들었다.

08 한편에선 난민들이 굶주림으로 죽어 가는데, 음식을 버리는 것은 무서운 **罪惡**이다

09 나는 지난 **週末**에 친구와 함께 영화를 보았다.

10 그는 **週番** 활동 때문에 일주일 동안 학교에 일찍 나가야 한다.

11 예향의 도시 **全州**는 전라북도의 도청 소재지이다.

12 오늘 **光州**로 가는 비행기를 탔다.

13 그 음식점은 세금을 제대로 내지 않았다는 이유로 한 달간 영업 **停止** 처분을 받았다.

14 **止血**을 위해 상처 부위를 붕대로 묶었다.

15 수달과 침팬지는 돌멩이나 막대기 따위 도구를 사용하는 **知能**을 지니고 있다.

16 그의 **親知** 가운데 외국인 선교사들과 교섭이 잦은 기독교인이 있었다.

17 같은 병이라도 환자의 **體質**에 따라서 그 증세가 다르게 나타날 수 있다.

18 사건의 종류와 **性質**에 따라 조사 방법을 달리했다.

19 짙은 안개 때문에 비행기는 **着陸**에 실패하였다.

20 오랜 방황을 끝내고 드디어 **定着** 생활을 시작하였다.

171	參	厶 9획	사사로이(厶) 세 번이나 사람(人)이 머리(彡)를 단장하고 모임에 **참여하니**
			參
	참여할 석	참 삼	• 參席(참석) : 자리에 참여함 • 參萬(삼만) : 만의 세 배가 되는 수

172	唱	口 8획	입(口)으로 창성하게(昌) 노래 **부르니**
			唱
	부를	창	*昌(창성할 창) : 해(日)처럼 말(曰)을 밝게 해야 앞길이 창성하니 • 獨唱(독창) : 홀로 노래 부름

173	責	貝 4획	생명(主) 같은 돈(貝)을 어쨌냐고 **꾸짖으며 책임**을 물으니
			責
	꾸짖을 책임	책	• 問責(문책) : 잘못을 캐묻고 꾸짖음 • 責任(책임) : 도맡아 해야 할 임무나 의무

174	鐵	金 13획	쇠(金)를 땅(土)에서 캐 입(口)으로 왕(王)이 창(戈)을 만들라 명하니
			鐵
	쇠	철	• 古鐵(고철) : 낡고 오래된 쇠 • 鐵工(철공) : 쇠로 물건을 만드는 일

자원으로 한자 알기

* 사사로이(　) 세 번이나 사람(人)이 머리(彡)를 단장하고 모임에 **참여하니** ☞

* 입(　)으로 창성하게(昌) 노래 **부르니** ☞

* 생명(主) 같은 돈(　)을 어쨌냐고 **꾸짖으며 책임**을 물으니 ☞

* **쇠**(　)를 땅(土)에서 캐 입(口)으로 왕(王)이 창(戈)을 만들라 명하니 ☞

175	初	刀	옷(衤)을 만들기 위해 옷감을 칼(刀)로 자르는 일이 **처음**이니
		5획	初
	처음	초	• 初行(초행) : 처음으로 감 • 今時初聞(금시초문) : 이제야 비로소 처음으로 들음

176	最	曰	말(曰)을 **취하여**(取) 듣고 행함이 **가장** 좋으니
		8획	最
	가장	최	*取(취할 취, 가질 취) : 적을 죽인 표시로 귀(耳)를 잘라 또(又) 취하여 가지니 • 最近(최근) : 장소나 위치가 가장 가까움

177	祝	示	신(示)에게 형(兄)이 소원을 **비니**
		5획	祝
	빌 축하할	축	• 自祝(자축) : 자기 스스로를 축하함 • 祝電(축전) : 축하하는 뜻으로 치는 전보

178	充	儿	머리(亠)에 사사로운(厶) 생각이 **가득한** 사람(儿)
		4획	充
	가득할 채울	충	• 充足(충족) : 일정한 분량에 차거나 채움 • 充分(충분) : 분량이 넉넉하여 모자람이 없음

자원으로 한자 알기

* 옷(衤)을 만들기 위해 옷감을 칼(   )로 자르는 일이 **처음**이니

* 말(   )을 취하여(取) 듣고 행함이 **가장** 좋으니

* 신(   )에게 형(兄)이 소원을 **비니**

* 머리(亠)에 사사로운(厶) 생각이 **가득한** 사람(   )

월   일

179 致	至 4획	지극한(至) 정성으로 **치며**(攵) 인도하면 뜻을 **이루니**
이룰 이를	치	• 理致(이치) : 사물의 정당한 조리 • 言行一致(언행일치) : 말과 행동이 같음

180 則	刂 7획	재물(貝)을 칼(刂)로 **법칙**에 따라 나누니
법칙 곧	칙 즉	• 原則(원칙) : 지켜야 할 근본의 법칙 • 規則(규칙) : 여러 사람이 다 같이 지키기로 작정한 법칙

자원으로 한자 알기

* 지극한(　　) 정성으로 치며(攵) 인도하면 뜻을 **이루니**　　☞

* 재물(貝)을 칼(　　)로 **법칙**에 따라 나누니　　☞

一思多得

七	+	刀	=	切(끊을 절)	일곱(七) 개를 칼(刀)로 **모두 끊으니**
衤	+		=	初(처음 초)	옷(衤)을 만들기 위해 옷감을 칼(刀)로 자르는 일이 **처음**이니

示	+	申	=	神(귀신 신)	신(示)처럼 형상을 펼쳐(申) 보이는 **귀신**
	+	兄	=	祝(빌 축)	신(示)에게 형(兄)이 소원을 **비니**

禾	+	刂	=	利(이로울 리)	벼(禾)를 칼(刂)로 베어 수확하면 **이로우니**
貝	+		=	則(법칙 칙)	재물(貝)을 칼(刂)로 **법칙**에 따라 나누니

다음 漢字를 나누고 자원을 쓰면서 익히세요.

월   일

본문 익히기 135

다음 漢字語의 讀音을 쓰세요.

參席	參萬	獨唱	問責
責任	古鐵	鐵工	初行
最近	自祝	祝電	充足
充分	理致	原則	規則

 다음 漢字語를 漢字로 쓰세요.

참여할 참	자리 석	홀로 독	부를 창	물을 문	꾸짖을 책	오랠 고	쇠 철
처음 초	다닐 행	가장 최	가까울 근	스스로 자	축하할 축	채울 충	만족할 족
이치 리	이룰 치	근원 원	법칙 칙	석 삼	일만 만	책임 책	맡길 임
쇠 철	만들 공	축하할 축	전보 전	가득할 충	단위 분	법 규	법칙 칙

예문으로 어휘 익히기(漢字로 쓰인 단어의 뜻을 써보세요.)   월   일

01 선약이 있어서 그 모임에 **參席**이 어렵게 되었다.

02 장군은 **參萬** 대군을 이끌고 성을 공격하였다.

03 처음 배우는 아이들을 위해 그녀가 먼저 **獨唱**을 들려주었다.

04 상사에게 **問責**을 당하다.

05 우리는 주어진 **責任**을 다해야 한다.

06 **古鐵**을 모아서 재활용하다.

07 **鐵工** 일에 대한 경험이 없으면 못한다.

08 그 낯선 도시에 그는 **初行**이어서 조금은 긴장되었다.

09 **最近** 환경운동에 대한 관심이 부쩍 늘어나고 있다.

10 자기의 생일을 **自祝**하다.

11 그는 친구의 결혼을 축하하기 위하여 **祝電**을 보냈다.

12 국민 생활의 기본적 수요를 **充足**하다.

13 그에게는 지도자가 될 자격이 **充分**하다.

14 죄를 지으면 벌을 받는 것은 당연한 **理致**이다.

15 결의한 사항에 대해 절대로 발설해선 안 된다는 것이 조직의 **原則**이었다.

16 경기 **規則**을 지켜 정정당당한 게임을 해야 한다.

185	宅	宀 3획	집(宀)에 의탁하고(乇) 사니
		宅	
	집 댁	택 댁	• 自宅(자택) : 자기의 집 • 宅內(댁내) : 남의 집안을 높여 이르는 말

186	板	木 4획	나무(木)를 바위(厂) 밑에서 또(又) 조각내니
		板	
	널빤지	판	• 板子(판자) : 나무로 된 널조각 • 板書(판서) : 칠판에 분필로 글씨를 씀

187	敗	攵 7획	조개(貝)를 치면(攵) 산산이 깨지듯 적에게 패하니
		敗	
	패할	패	• 敗走(패주) : 패하여 달아남 • 失敗(실패) : 일을 잘못하여 그르침

188	品	口 6획	입(口)과 입(口)에서 입(口)으로 전해져 소문나는 물건
		品	
	물건	품	• 物品(물품) : 물건 • 品切(품절) : 물건이 다 팔리고 없음

자원으로 한자 알기

* 집(　　)에 의탁하고(乇) 사니
* 나무(　　)를 바위(厂) 밑에서 또(又) 조각내니
* 조개(貝)를 치면(　　) 산산이 깨지듯 적에게 패하니
* 입(　　)과 입(口)에서 입(口)으로 전해져 소문나는 물건

189	必	心 1획	마음(心)이 삐치면(ノ) **반드시** 풀어야 하니						
			必						
	반드시	필	• 必勝(필승) : 반드시 이김 • 必要(필요) : 꼭 소용이 됨						
190	筆	竹 6획	대나무(⺮)로 붓(聿)을 만들어 **글씨를 쓰니**						
			筆						
	붓 글씨 쓸	필	• 筆記(필기) : 글씨를 씀 • 名筆(명필) : 매우 잘 쓴 글씨						

자원으로 한자 알기

* 마음(　　)이 삐치면(ノ) **반드시** 풀어야 하니　　　　☞
* 대나무(　　)로 붓(聿)을 만들어 **글씨를 쓰니**　　　　☞

一思多得

土	+	也	=	地(땅 지)	흙(土) 또한(也) **땅**이니
亻	+		=	他(다를 타)	사람(亻) 또한(也) 모두 **다르니**

扌	+	支	=	技(재주 기)	손(扌)으로 일정하게 가르는(支) **재주**
	+	丁	=	打(칠 타)	손(扌)으로 장정(丁)이 **치니**

木	+	喬	=	橋(다리 교)	나무(木)를 높이(喬) 걸쳐 만든 **다리**
	+	目	=	相(서로 상)	좋은 나무(木)를 고르기 위해 눈(目)으로 **서로** 살펴보니
	+	厂又	=	板(널빤지 판)	나무(木)를 바위(厂) 밑에서 또(又) **조각**내니

다음 漢字를 나누고 자원을 쓰면서 익히세요.

월   일

他 다를 타 = ☐ + ☐

打 칠 타 = ☐ + ☐

卓 높을 탁 = ☐ + ☐

炭 숯 탄 = ☐ + ☐ + ☐

宅 집 택 = ☐ + ☐

板 널빤지 판 = ☐ + ☐ + ☐

敗 패할 패 = ☐ + ☐

品 물건 품 = ☐ + ☐ + ☐

必 반드시 필 = ☐ + ☐

筆 붓 필 = ☐ + ☐

본문 익히기 141

다음 漢字語의 讀音을 쓰세요.

他人	出他	强打	打者
卓見	木炭	石炭	自宅
宅內	板子	板書	敗走
失敗	物品	品切	必勝
必要	筆記	名筆	

 다음 漢字語를 漢字로 쓰세요.

다를 타 사람 인	강할 강 칠 타	높을 탁 견해 견	나무 목 숯 탄
자기 자 집 택	널빤지 판 접미사 자	패할 패 달아날 주	물건 물 물건 품
반드시 필 이길 승	쓸 필 기록할 기	나갈 출 다를 타	칠 타 놈 자
돌 석 숯 탄	집 댁 안 내	널빤지 판 쓸 서	잘못할 실 패할 패
물건 품 떨어질 절	반드시 필 구할 요	이름날 명 글씨 필	

예문으로 어휘 익히기(漢字로 쓰인 단어의 뜻을 써보세요.)   월   일

01 他人의 눈길이 여전히 어색하고 뻣뻣하게 느껴졌다.

02 그는 出他를 삼가고 칩거 생활을 오래 했다.

03 해안의 마을은 폭풍의 強打로 폐허가 되었다.

04 打者가 타석에 들어서자 환호성이 쏟아졌다.

05 그는 환경 문제에 대해 卓見을 가지고 있다.

06 木炭은 땔감으로 쓰기 위해 나무를 가마 속에 넣어서 구워 낸다.

07 石炭은 대표적인 화석연료이다.

08 그는 현재 병원에서 나와 自宅에서 치료 중이다.

09 宅內 두루 편안하신지요?

10 탁자 사이에 板子를 걸치다.

11 그 강의는 주로 선생님의 板書와 설명으로 진행되었다.

12 아군은 이제 敗走를 거듭해 낙동강 선에 간신히 멈춰 서 있었다.

13 그는 失敗로 인한 좌절과 수치감에 괴로워한다.

14 그가 소유한 物品만 처분해도 두 아들을 장가보내는 데는 어려움이 없을 것이다.

15 밀가루는 品切입니다.

16 必勝을 기원하다.

17 어떻게든 전반적인 사정과 북쪽의 동정을 정확하게 알아야 할 必要가 생겼다.

18 수업시간에 노트 筆記를 잘해야 시험 볼 때에 고생하지 않는다.

19 한석봉은 조선 제일의 名筆이다.

191	河	氵 5획	물(氵)이 옳게(可) **강**으로 흐르니
	강 **하**		河
			• 河川(하천) : 강 • 河口(하구) : 강물이 바다로 흘러드는 어귀

192	寒	宀 9획	집(宀)의 우물(井)이 한결(一)같이 팔(八)도로 얼음(冫)처럼 **차니**
	찰 **한**		寒
			• 寒氣(한기) : 찬 기운 • 三寒四溫(삼한사온) : 겨울철에 3일은 춥고 4일은 따뜻한 기후 현상

193	害	宀 7획	집(宀)에서도 살면서(土) 입(口)으로 아무렇게나 말하면 **해로우니**
	해할 **해**		害
			• 加害(가해) : 남에게 해를 끼침 • 水害(수해) : 장마나 홍수로 인한 피해

194	許	言 4획	말(言)하여 사람(亻)이 열(十) 가지를 **허락하니**
	허락할 **허**		許
			• 特許(특허) : 특별히 허락함 • 許可(허가) : 행동이나 일을 하도록 허락함

자원으로 한자 알기

* 물(　　)이 옳게(可) **강**으로 흐르니
* 집(　　)의 우물(井)이 한결(一)같이 팔(八)도로 얼음(冫)처럼 **차니**
* 집(　　)에서도 살면서(土) 입(口)으로 아무렇게나 말하면 **해로우니**
* 말(　　)하여 사람(亻)이 열(十) 가지를 **허락하니**

195	湖	氵 9획	물(氵)이 오랜(古) 세월(月) 모여 이루어진 **호수**
		湖	
	호수 **호**	• 江湖(강호) : 강과 호수 • 湖水(호수) : 육지가 우묵하게 들어가 물이 괴어 있는 곳	

196	化	匕 2획	사람(亻)은 늙으면 허리가 **구부러져**(匕) 모양이 **변하니**
		化	
	변화할 **화**	• 同化(동화) : 같은 성질로 변함 • 强化(강화) : 더 튼튼하고 강하게 함	

197	患	心 7획	입(口)과 입(口)을 뚫는(丨) 듯 마음(心)으로 아파하며 **근심**하니
		患	
	근심 **환**	• 外患(외환) : 외적이 침범해 오는 근심 • 後患(후환) : 어떤 일로 말미암아 뒷날 생기는 걱정과 근심	

198	效	攵 6획	사귐(交)이 좋지 않아 치며(攵) 좋은 것을 **본받도록** 하니
		效	
	본받을 효험 **효**	• 發效(발효) : 효과가 발생함 • 效果(효과) : 효력이 나타나는 결과	

자원으로 한자 알기

* 물(　　)이 오랜(古) 세월(月) 모여 이루어진 **호수**

* 사람(亻)은 늙으면 허리가 구부러져(　　) 모양이 **변하니**

* 입(口)과 입(口)을 뚫는(丨) 듯 마음(　　)으로 아파하며 **근심**하니

* 사귐(交)이 좋지 않아 치며(　　) 좋은 것을 **본받도록** 하니

199	凶	凵 2획	깨진(乂) 그릇(凵)은 보기 **흉하니**					
		흉할 **흉**	• 凶計(흉계) : 흉악한 계략 • 凶惡(흉악) : 성질이 거칠고 사나움					
200	黑	黑 0획	울타리(口)가 팔(ㅛ)방으로 땅(土)에서 불(灬)을 때니 그을려 **검다**					
		검을 **흑**	• 黑白(흑백) : 흑과 백 • 黑心(흑심) : 음흉하고 부정한 욕심이 많은 마음					

자원으로 한자 알기

* 깨진(乂) 그릇(   )은 보기 **흉하니**
* 울타리(口)가 팔(ㅛ)방으로 땅(土)에서 불(灬)을 때니 그을려 **검다**

一思多得

己	+		=	改(고칠 개)	몸(己)을 쳐(攵) 잘못을 **고치니**
苟	+		=	敬(공경 경)	진실하게(苟) 살라고 치는(攵) 사람을 **공경하니**
求	+	攵	=	救(구원할 구)	약자를 구하려고(求) 적을 쳐(攵) **구원하니**
至	+		=	致(이룰 치)	지극한(至) 정성으로 치며(攵) 인도하면 뜻을 **이루니**
貝	+		=	敗(패할 패)	조개(貝)를 치면(攵) 산산이 깨지듯 적에게 **패하니**
交	+		=	效(본받을 효)	사귐(交)이 좋지 않아 치며(攵) 좋은 것을 **본받도록** 하니

다음 漢字를 나누고 자원을 쓰면서 익히세요.

월   일

河 강하 = ☐ + ☐

寒 찰한 = ☐ + ☐ + ☐ + ☐ + ☐

害 해할해 = ☐ + ☐ + ☐

許 허락할허 = ☐ + ☐ + ☐

湖 호수호 = ☐ + ☐ + ☐

化 변화할화 = ☐ + ☐

患 근심환 = ☐ + ☐ + ☐ + ☐

效 본받을효 = ☐ + ☐

凶 흉할흉 = ☐ + ☐

黑 검을흑 = ☐ + ☐ + ☐ + ☐

본문 익히기 147

다음 漢字語의 讀音을 쓰세요.

河川　　河口　　寒氣　　加害

水害　　特許　　許可　　江湖

湖水　　同化　　强化　　外患

後患　　發效　　效果　　凶計

凶惡　　黑白　　黑心

 다음 漢字語를 漢字로 쓰세요.

| 강 하 | 내 천 | 찰 한 | 기운 기 | 더할 가 | 해할 해 | 특별할 특 | 허락할 허 |

| 강 강 | 호수 호 | 같을 동 | 변화할 화 | 바깥 외 | 근심 환 | 일어날 발 | 효험 효 |

| 흉할 흉 | 꾀 계 | 검을 흑 | 흰 백 | 강 하 | 어귀 구 | 물 수 | 해할 해 |

| 허락할 허 | 허가할 가 | 호수 호 | 물 수 | 강할 강 | 변화할 화 | 뒤 후 | 근심 환 |

| 효험 효 | 결과 과 | 흉할 흉 | 악할 악 | 검을 흑 | 마음 심 |

예문으로 어휘 익히기(漢字로 쓰인 단어의 뜻을 써보세요.)

01 우리 마을에 있는 河川은 한때 맑은 물이 흘렀으나 지금은 심하게 오염되었다.

02 강과 바다가 마주치는 넓은 河口에는 수많은 물새 떼들이 하늘을 뒤덮고 있었다.

03 오랫동안 불을 안 넣은 방이라 방 안에 들어서자 寒氣가 느껴졌다.

04 학교 내에서 加害 행동을 일절 금한다.

05 많은 사람들이 水害로 집을 잃었다.

06 새로운 소재를 개발해 特許를 따 냈다.

07 감독의 許可 없이는 취재를 할 수 없다.

08 속세에서 벗어나 江湖에 묻혀 살고 싶다.

09 조그만 산에 안긴 바다는 湖水처럼 고요하였다.

10 원만한 사회생활을 위해선 주변 사람들과의 同化가 필요하다.

11 경비를 強化시켰다.

12 인접해 있는 여러 오랑캐 때문에 外患이 끊이지 않았다.

13 선행을 하여 後患을 없앤다.

14 이 법은 문제점을 안고 있어서 發效도 하기 전에 개정해야 한다는 소리가 높다.

15 일석이조의 效果를 거두다.

16 일본의 속셈은 조선을 지배하려는 凶計가 분명했다.

17 凶惡하게 생긴 얼굴도 아니요, 사기꾼같이 뵈지도 않는다.

18 黑白의 조화를 이루다.

19 黑心을 품다.

자원으로 한자 알기

151 사람(　)들이 오로지(專) 들은 대로 **전하니**

152 악곡(曲)이 적힌 여덟(　)권의 **책**

153 지붕(　) 밑에 약풀(艹) 한(一) 더미를 갈고리(乚)로 삐치고(丿) 파여(乀) **펼치니**

154 일곱(七) 개를 칼(　)로 **모두 끊으니**

155 대나무(　)가 자라면서 곧바로(卽) 생기는 **마디**

156 큰집(　)에서 점(卜)치듯 입(口)으로 말하며 물건을 파는 **가게**

157 사람(　)들이 정자(亭)에 **머무르니**

158 마음(　)에 젊은이(靑)가 품은 **뜻**

159 말(　)을 두루(周) **고르게** 듣고 **조사하니**

160 손(　)으로 물건(品)을 만들기 위해 나무(木)를 **잡아 다루니**

161 머리(亠)에 갓 쓴 사람(人)과 사람(人)들이 십(　)일 만에 **군사**교육을 **마치니**

162 벼(　)는 무겁고(重) 실한 것을 **씨**로 삼으니

163 실(　) 짜는 일을 겨울(冬)에 **마치니**

164 법망(　)에 걸린 옳지 아니한(非) **죄**

165 두루(周) 살피기 위해 뛰어(　) 도는데 **일주일** 걸리니

166 점(丶)처럼 냇물(　)이 흐르는 곳에 형성된 **고을**

167 발의 모양으로 발로 서고 **그친다**는 뜻

168 화살(　)처럼 빠르게 입(口)으로 말할 수 있으니 **알지**

169 도끼(斤) 두 개를 돈(　) 주고 사면서 **품질**을 따지니

170 양(羊)의 끈(丿) 같은 털이 눈(　)에 **붙으니**

171 사사로이(　) **세** 번이나 사람(人)이 머리(彡)를 단장하고 모임에 **참여하니**

172 입(　)으로 창성하게(昌) 노래 **부르니**

173 생명(土) 같은 돈(　)을 어쨌냐고 **꾸짖으며 책임**을 물으니

174 **쇠**(　)를 땅(土)에서 캐 입(口)으로 왕(王)이 창(戈)을 만들라 명하니

175 옷(衤)을 만들기 위해 옷감을 칼(　)로 자르는 일이 **처음**이니

자원으로 한자 알기

176 말(　　)을 취하여(取) 듣고 행함이 **가장** 좋으니

177 신(　　)에게 형(兄)이 소원을 **비니**

178 머리(亠)에 사사로운(厶) 생각이 **가득한** 사람(　　)

179 지극한(　　) 정성으로 치며(攵) 인도하면 뜻을 **이루니**

180 재물(貝)을 칼(　　)로 **법칙**에 따라 나누니

181 사람(　　) 또한(也) 모두 **다르니**

182 손(　　)으로 장정(丁)이 **치니**

183 점(卜)치려고 이른(早) 아침에 **높은** 곳에 오르니

184 산(山)속 바위(厂) 밑에서 불(　　)타고 남은 **숯**

185 집(　　)에 의탁하고(乇) 사니

186 나무(　　)를 바위(厂) 밑에서 또(又) **조각**내니

187 조개(貝)를 치면(　　) 산산이 깨지듯 적에게 **패하니**

188 입(　　)과 입(口)에서 입(口)으로 전해져 소문나는 **물건**

189 마음(　　)이 삐치면(丿) **반드시** 풀어야 하니

190 대나무(　　)로 붓(聿)을 만들어 **글씨를** 쓰니

191 물(　　)이 옳게(可) **강**으로 흐르니

192 집(　　)의 우물(井)이 한결(一)같이 팔(八)도로 얼음(冫)처럼 **차니**

193 집(　　)에서도 살면서(土) 입(口)으로 아무렇게나 말하면 **해로우니**

194 말(　　)하여 사람(亻)이 열(十) 가지를 **허락하니**

195 물(　　)이 오랜(古) 세월(月) 모여 이루어진 **호수**

196 사람(亻)은 늙으면 허리가 구부러져(　　) 모양이 **변하니**

197 입(口)과 입(口)을 뚫는(丨) 듯 마음(　　)으로 아파하며 **근심**하니

198 사귐(爻)이 좋지 않아 치며(　　) 좋은 것을 **본받도록** 하니

199 깨진(爻) 그릇(　　)은 보기 **흉하니**

200 울타리(冂)가 팔(丷)방으로 땅(土)에서 불(灬)을 때니 그을려 **검다**

다음 漢字의 訓과 音을 쓰세요.   월   일

傳	典	展	切	節	店	停
情	調	操	卒	種	終	罪
週	州	止		知	質	着
參	唱				責	鐵
初						最
祝	充				致	則
他	打	卓		炭	宅	板
敗	品	必	筆	河	寒	害
許	湖	化	患	效	凶	黑

151–200번 익히기

다음의 訓과 音을 지닌 漢字를 쓰세요.

월   일

전할 전	법 전	펼 전	끊을 절	마디 절	가게 점	머무를 정
뜻 정	고를 조	잡을 조	마칠 졸	씨 종	마칠 종	허물 죄
주일 주	고을 주	그칠 지		알 지	바탕 질	붙을 착
참여할 참	부를 창			꾸짖을 책		쇠 철
처음 초			**151-200번 익히기**			가장 최
빌 축	가득할 충			이룰 치		법칙 칙
다를 타	칠 타	높을 탁		숯 탄	집 택	널빤지 판
패할 패	물건 품	반드시 필	붓 필	강 하	찰 한	해할 해
허락할 허	호수 호	변화할 화	근심 환	본받을 효	흉할 흉	검을 흑

종합 평가

다음 漢字의 訓과 音을 쓰세요.

加	價	可	改	客	去	擧
件	建	健	格	見	決	結
景	敬	輕		競	固	告
考	曲				課	過
觀						關
廣	橋				具	救
舊	局	貴		規	給	基
期	技	己	汽	吉	念	能
團	壇	談	當	德	到	島

1~50번 다시 익히기

다음의 訓과 음을 지닌 漢字를 쓰세요.

월   일

더할 가	값 가	옳을 가	고칠 개	손 객	갈 거	들 거
물건 건	세울 건	건강할 건	격식 격	볼 견	결단할 결	맺을 결
경치 경	공경 경	가벼울 경		다툴 경	굳을 고	고할 고
생각할 고	굽을 곡		공부할 과		지날 과
볼 관		1-50번 다시 익히기		빗장 관
넓을 광	다리 교			갖출 구	구원할 구
예 구	판 국	귀할 귀	법 규	줄 급	터 기
기약할 기	재주 기	몸 기	김 기	길할 길	생각 념	능할 능
둥글 단	단 단	말씀 담	마땅 당	덕 덕	이를 도	섬 도

다음 漢字의 訓과 音을 쓰세요. 월 일

都	獨	落	朗	冷	量	良
旅	歷	練	令	領	勞	料
流	類	陸		馬	末	亡
望	買				賣	無
倍						法
變	兵				福	奉
比	費	鼻		氷	士	仕
史	寫	思	査	産	賞	商
相	序	仙	善	選	船	鮮

51-100번 다시 익히기

다음의 訓과 音을 지닌 漢字를 쓰세요.

도읍 도	홀로 독	떨어질 락	밝을 랑	찰 랭	헤아릴 량	어질 량
나그네 려	지낼 력	익힐 련	명령할 령	거느릴 령	일할 로	헤아릴 료
흐를 류	무리 류	뭍 륙		말 마	끝 말	망할 망
바랄 망	살 매				팔 매	없을 무
곱 배			50-100번 다시 익히기			법 법
변할 변	병사 병				복 복	받들 봉
견줄 비	쓸 비	코 비		얼음 빙	선비 사	섬길 사
역사 사	베낄 사	생각 사	조사할 사	낳을 산	상줄 상	장사 상
서로 상	차례 서	신선 선	착할 선	가릴 선	배 선	고울 선

▶ 다음 漢字의 訓과 音을 쓰세요.   월   일

說	性	洗	歲	束	首	宿
順	示	識	臣	實	兒	惡
案	約	養		魚	漁	億
熱	葉				屋	完
曜						要
浴	友				牛	雨
雲	雄	元		院	原	願
位	偉	以	耳	因	任	再
材	財	災	爭	貯	的	赤

101-150번 다시 익히기

다음의 訓과 音을 지닌 漢字를 쓰세요.

말씀 설	성품 성	씻을 세	해 세	묶을 속	머리 수	잘 숙
순할 순	보일 시	알 식	신하 신	열매 실	아이 아	악할 악
책상 안	맺을 약	기를 양		물고기 어	고기 잡을 어	억 억
더울 열	잎 엽				집 옥	완전할 완
빛날 요			101-150번 다시 익히기			중요할 요
목욕할 욕	벗 우				소 우	비 우
구름 운	수컷 웅	으뜸 원		집 원	근원 원	원할 원
자리 위	클 위	써 이	귀 이	의지할 인	맡길 임	두 재
재목 재	재물 재	재앙 재	다툴 쟁	쌓을 저	과녁 적	붉을 적

다음 漢字의 訓과 音을 쓰세요.

월 일

傳	典	展	切	節	店	停
情	調	操	卒	種	終	罪
週	州	止		知	質	着
參	唱				責	鐵
初						最

151-200번 다시 익히기

祝	充				致	則
他	打	卓		炭	宅	板
敗	品	必	筆	河	寒	害
許	湖	化	患	效	凶	黑

다음의 訓과 音을 지닌 漢字를 쓰세요.

전할 전	법 전	펼 전	끊을 절	마디 절	가게 점	머무를 정
뜻 정	고를 조	잡을 조	마칠 졸	씨 종	마칠 종	허물 죄
주일 주	고을 주	그칠 지		알 지	바탕 질	붙을 착
참여할 참	부를 창				꾸짖을 책	쇠 철
처음 초						가장 최
빌 축	가득할 충			이룰 치		법칙 칙
다를 타	칠 타	높을 탁		숯 탄	집 택	널빤지 판
패할 패	물건 품	반드시 필	붓 필	강 하	찰 한	해할 해
허락할 허	호수 호	변화할 화	근심 환	본받을 효	흉할 흉	검을 흑

151-200번 다시 익히기

學而時習 - 배우고 익히기

01 다음 漢字語의 讀音을 쓰세요.

可能 _____	事件 _____	新郎 _____
結實 _____	輕車 _____	過失 _____
觀光 _____	敎壇 _____	獨立 _____
訓練 _____	勞苦 _____	旅費 _____
歷史 _____	思考 _____	選手 _____
說明 _____	所願 _____	首相 _____
完工 _____	雲集 _____	競爭 _____
約束 _____	節氣 _____	調査 _____
週日 _____	質問 _____	寒冷 _____

02 다음 漢字語의 뜻을 쓰세요.

決心 _____	夜景 _____	貴人 _____
陸地 _____	商業 _____	再生 _____
漁村 _____	知識 _____	

03 다음 漢字語를 漢字로 쓰세요.

고유(본래부터 가지고 있는 특유한 것) ➡

재능(재주와 능력) ➡

비음(코로 내는 소리) ➡

산모(아기를 갓 낳은 여자) ➡

성별(남녀나 암수의 구별) ➡

전래(예로부터 전하여 내려옴) ➡

정담(다정한 이야기) ➡

합창(여러 사람이 노래를 부름) ➡

필담(글로 써서 서로 묻고 답함) ➡

▲ 해답
01 가능, 사건, 신랑, 결실, 경차, 과실, 관광, 교단, 독립, 훈련, 노고, 여비, 역사, 사고, 선수, 설명, 소원, 수상, 완공, 운집, 경쟁, 약속, 절기, 조사, 주일, 질문, 한랭
02 마음을 정함, 밤의 경치, 귀한 사람, 땅, 장사하는 일, 다시 살아남, 물고기 잡는 마을, 앞
03 固有, 才能, 鼻音, 産母, 性別, 傳來, 情談, 合唱, 筆談

논술 - 교과서 주요 어휘 익히기

한자		뜻	음
家具	( )	집안 살림에 쓰는 기구	가구
加算	( )	더하여 셈함	가산
加速	( )	속도를 더함	가속
加熱	( )	열을 더함	가열
加入	( )	조직이나 단체 따위에 들어가거나 참석함	가입
家宅	( )	살고 있는 집	가택
感性	( )	자극의 변화를 느끼는 성질	감성
强賣	( )	남에게 물건을 강제로 떠맡겨 팖	강매
功德	( )	착한 일을 하여 쌓은 업적과 어진 덕	공덕
過熱	( )	지나치게 뜨거워짐	과열
急流	( )	물이 빠른 속도로 흐름	급류
急性	( )	급한 성질 또는 병 따위의 증세가 빠르게 진행되는 성질	급성
期日	( )	정해진 날짜	기일
落第	( )	시험에 떨어짐	낙제
冷氣	( )	찬 기운	냉기
多産	( )	많이 낳음	다산
待令	( )	명령을 기다림	대령
獨子	( )	외아들	독자
馬夫	( )	말을 부려 마차나 수레를 모는 사람	마부
賣場	( )	물건을 파는 장소	매장
無期	( )	무기한 즉 언제까지라고 정한 기한이 없음	무기
無線	( )	선이 없음 즉 통신이나 방송을 전선 없이 전파로 함	무선
變身	( )	몸의 모양이나 태도 따위를 바꿈	변신
不純	( )	순수하지 아니함	불순
産物	( )	일정한 곳에서 생산되어 나오는 물건	산물

相通	( ) : 서로 마음과 뜻이 통함	상통
船室	( ) : 배 안에서 승객들이 쓰도록 만든 방	선실
善意	( ) : 좋은 뜻	선의
善行	( ) : 착한 행실	선행
性急	( ) : 성질이 급함	성급
數量	( ) : 수효와 분량	수량
食品	( ) : 먹는 음식물	식품
實感	( ) : 실제의 느낌	실감
實例	( ) : 실제의 보기	실례
實在	( ) : 실제로 있음	실재
藥品	( ) : 약	약품
屋內	( ) : 집의 안	옥내
有害	( ) : 해가 있음	유해
衣類	( ) : 여러 가지 종류의 옷	의류
一念	( ) : 한결 같은 생각	일념
自筆	( ) : 자기가 직접 글씨를 씀. 또는 그 글씨	자필
着地	( ) : 공중에서 땅으로 내림	착지
天性	( ) : 본래 타고난 성품	천성
最多	( ) : 가장 많음	최다
特選	( ) : 특별히 골라 뽑음	특선

부록

반대자 – 뜻이 반대되는 漢字

強(강할 강) 健(굳셀 건)	↔	弱(약할 약)
去(갈 거)	↔	來(올 래)
輕(가벼울 경)	↔	重(무거울 중)
曲(굽을 곡)	↔	直(곧을 직)
吉(길할 길)	↔	凶(흉할 흉)
獨(홀로 독)	↔	等(무리 등) 類(무리 류)
冷(찰 랭)	↔	熱(더울 열) 溫(따뜻할 온)
勞(일할 로)	↔	使(부릴 사)
陸(뭍 륙)	↔	海(바다 해)
利(이로울 리)	↔	害(해할 해)
賣(팔 매)	↔	買(살 매)
放(놓을 방)	↔	操(잡을 조)
氷(얼음 빙)	↔	炭(숯 탄)
善(착할 선)	↔	惡(악할 악)

勝(이길 승)	↔	敗(패할 패)
始(처음 시)	↔	末(끝 말) 終(끝 종)
新(새 신)	↔	舊(예 구)
臣(신하 신)	↔	王(임금 왕)
心(마음 심)	↔	己(몸 기) 身(몸 신) 體(몸 체)
愛(사랑 애)	↔	惡(미워할 오)
有(있을 유) 在(있을 재)	↔	無(없을 무)
主(주인 주)	↔	客(손 객) 旅(나그네 려)
和(화할 화)	↔	競(다툴 경) 爭(다툴 쟁) 戰(싸움 전)
黑(검을 흑)	↔	白(흰 백)

반의어 - 뜻이 반대되는 漢字語

感情(감정)	↔	理性(이성)
客觀(객관)	↔	主觀(주관)
固定(고정)	↔	流動(유동)
過去(과거)	↔	未來(미래)
舊式(구식)	↔	新式(신식)
吉日(길일)	↔	凶日(흉일)
冷水(냉수)	↔	溫水(온수)
多元(다원)	↔	一元(일원)
當選(당선)	↔	落選(낙선)
對話(대화)	↔	獨白(독백)
德談(덕담)	↔	惡談(악담)
賣出(매출)	↔	買入(매입)
放心(방심)	↔	操心(조심)
生産(생산)	↔	消費(소비)

善意(선의)	↔	惡意(악의)
成功(성공)	↔	失敗(실패)
勝利(승리)	↔	敗北(패배)
實質(실질)	↔	形式(형식)
熱氣(열기)	↔	寒氣(한기)
溫情(온정)	↔	冷情(냉정)
原因(원인)	↔	結果(결과)
有料(유료)	↔	無料(무료)
利己(이기)	↔	利他(이타)
自己(자기)	↔	他人(타인)
正當(정당)	↔	不當(부당)
充實(충실)	↔	不實(부실)
合法(합법)	↔	不法(불법)
幸福(행복)	↔	不幸(불행)

유의자 - 뜻이 비슷한 漢字

強(강할 강)	=	健(굳셀 건)
建(세울 건)	=	立(설 립)
格(격식 격)	=	式(격식 식)
見(볼 견)	=	觀(볼 관)
結(맺을 결)	=	約(맺을 약)
決(정할 결)	=	定(정할 정)
競(다툴 경)	=	爭(다툴 쟁)
年(해 년)	=	歲(해 세)
談(말씀 담) 說(말씀 설)	=	語(말씀 어) 話(말씀 화)
都(도읍 도)	=	市(행정구역 시)
到(이를 도)	=	着(다다를 착) 致(이를 치)
旅(나그네 려)	=	客(손 객)
練(익힐 련)	=	習(익힐 습)
料(헤아릴 료)	=	量(헤아릴 량)
明(밝을 명)	=	朗(밝을 랑)
物(물건 물)	=	件(물건 건)
法(법 법)	=	規(법 규) 例(법식 례)
法(법 법)	=	式(법 식) 典(법 전) 則(법칙 칙)
變(변할 변)	=	化(변화할 화)
兵(병사 병)	=	士(병사 사) 卒(군사 졸)
費(쓸 비)	=	用(쓸 용)
思(생각 사)	=	考(생각할 고) 念(생각 념)
使(하여금 사)	=	令(하여금 령)
選(가릴 선)	=	別(분별할 별)
始(처음 시)	=	初(처음 초)
實(열매 실)	=	果(열매 과)
兒(아이 아)	=	童(아이 동)
養(기를 양)	=	育(기를 육)
願(바랄 원)	=	望(바랄 망)
偉(클 위)	=	大(큰 대)
戰(싸움 전)	=	爭(다툴 쟁)
展(펼 전)	=	開(열 개)
停(머무를 정)	=	止(그칠 지)

🔽 유의자 – 뜻이 비슷한 漢字

調(조사할 조)	=	査(조사할 사)
知(알 지)	=	識(알 식)
出(날 출)	=	産(낳을 산) / 生(날 생)

河(강 하)	=	川(내 천)
寒(찰 한)	=	冷(찰 랭)
許(허락할 허)	=	可(허락할 가)
凶(흉할 흉)	=	惡(악할 악)

동음이의어 – 음은 같으나 뜻이 다른 漢字語

가구	家口	집안 식구
	家具	집안 살림에 쓰는 기구
가산	家産	집안의 재산
	加算	더하여 셈함
개량	改良	더 좋게 고침
	改量	다시 측량함
결사	決死	죽기를 각오하고 있는 힘을 다할 것을 결심함
	結社	여러 사람이 공동의 목적을 이루기 위하여 단체를 조직함
경기	景氣	경제 활동 상태
	競技	일정한 규칙 아래 기량과 기술을 겨룸
고급	高級	높은 등급
	高給	높은 봉급
	告急	급한 상황을 알림
공약	空約	헛되게 약속함
	公約	정부, 정당, 입후보자 등이 어떤 일에 대하여 국민에게 실행할 것을 약속함
과거	過去	이미 지나간 때
	科擧	관리를 뽑을 때 실시하던 시험
과실	果實	과일
	過失	잘못이나 허물
국사	國史	나라의 역사
	國事	나라에 관한 일
급보	急報	급하게 알림
	急步	급하게 걸음
급수	給水	물을 공급함
	級數	우열에 따라 매긴 등급

동음이의어 – 음은 같으나 뜻이 다른 漢字語

대결	代決	남을 대신하여 결재함
	對決	서로 맞서서 우열이나 승패를 가림
대기	大氣	공기
	待期	때나 기회를 기다림
동심	同心	마음을 같이함
	動心	마음이 움직임
	童心	어린아이의 마음
동화	同化	다르던 것이 서로 같게 됨
	童話	어린이를 위하여 지은 이야기
발전	發電	전기를 일으킴
	發展	더 나은 단계로 나아감
사기	史記	역사적 사실을 기록한 책
	士氣	의욕이나 자신감 따위로 충만하여 굽힐 줄 모르는 기세
사정	事情	일의 형편이나 까닭
	査定	조사하거나 심사하여 결정함
	査正	조사하여 그릇된 것을 바로잡음
상품	商品	사고파는 물품
	上品	질이 좋은 물품
	賞品	상으로 주는 물품
신임	信任	믿고 일을 맡김
	新任	새로 임명되거나 새로 취임함
여객	女客	안손님
	旅客	여행하는 사람
역사	力士	힘이 센 사람
	歷史	인류 사회의 변천과 흥망의 과정

동음이의어 – 음은 같으나 뜻이 다른 漢字語

운행	雲行	구름이 떠다님
	運行	차량 따위를 운전하여 다님
전기	前期	전번의 시기
	傳記	한 사람의 일생 동안의 행적을 적은 기록
	電氣	전자 또는 공간에 있는 자유 전자나 이온들의 움직임 때문에 생기는 에너지
전례	典例	전거가 되는 선례
	前例	이전부터 있었던 사례
전시	全市	시의 전체
	戰時	전쟁이 벌어진 때
	展示	여러 가지 물품을 한곳에 벌여 놓고 보임
정전	停電	전기가 끊어짐
	停戰	일시적으로 전투를 중단하는 일

四字成語 (사자성어 : 네 글자로 이루어진 말)

格物致知 (격물치지)	실제 사물의 이치를 연구하여 지식을 완전하게 함
見物生心 (견물생심)	어떠한 실물을 보게 되면 그것을 가지고 싶은 욕심이 생김
決死反對 (결사반대)	죽기를 각오하고 있는 힘을 다하여 반대함
敬老孝親 (경로효친)	노인을 공경하고 부모에게 효도함
驚天動地 (경천동지)	하늘을 놀라게 하고 땅을 움직이게 한다는 뜻으로, 몹시 세상을 놀라게 함을 이르는 말
敬天愛人 (경천애인)	하늘을 숭배하고 인간을 사랑함
過失相規 (과실상규)	나쁜 행실을 하지 못하도록 서로 규제함
敎學相長 (교학상장)	가르치고 배우면서 서로 성장함
今時初聞 (금시초문)	바로 지금 처음으로 들음
落木寒天 (낙목한천)	나뭇잎이 다 떨어진 겨울의 춥고 쓸쓸한 풍경
落花流水 (낙화유수)	떨어지는 꽃과 흐르는 물이라는 뜻으로, 가는 봄의 경치를 이르는 말
能小能大 (능소능대)	큰일이나 작은 일이나 모든 일에 두루 능함
多才多能 (다재다능)	재주와 능력이 많음
多情多感 (다정다감)	정이 많고 감정이 풍부함
大同團結 (대동단결)	여러 집단이나 사람이 어떤 목적을 이루려고 크게 한 덩어리로 뭉침
大書特筆 (대서특필)	신문 따위의 출판물에서 어떤 기사에 큰 비중을 두어 다룸을 이르는 말

四字成語 (사자성어 : 네 글자로 이루어진 말)

同化作用 (동화작용)	외부에서 섭취한 에너지원을 자체의 고유한 성분으로 변화시키는 일
馬耳東風 (마이동풍)	남의 말을 귀담아듣지 아니하고 지나쳐 흘려버림을 이르는 말
萬古不變 (만고불변)	아주 오랜 세월 동안 변하지 아니함
無男獨女 (무남독녀)	아들이 없는 집안의 외동딸
聞一知十 (문일지십)	하나를 듣고 열 가지를 미루어 안다는 뜻으로, 총명함을 이르는 말
百年河淸 (백년하청)	중국 황하의 물이 늘 흐려 맑을 때가 없다는 뜻으로, 아무리 오랜 시일이 지나도 어떤 일이 이루어지기 어려움을 이르는 말
奉仕活動 (봉사활동)	국가나 남을 위하여 자신을 돌보지 않고 힘을 바쳐 애씀
父傳子傳 (부전자전)	아버지가 아들에게 대대로 전함
北窓三友 (북창삼우)	거문고, 술, 시를 아울러 이르는 말
不問可知 (불문가지)	묻지 아니하여도 알 수 있음
不問曲直 (불문곡직)	옳고 그름을 따지지 아니함
氷山一角 (빙산일각)	빙산의 뿔이라는 뜻으로, 대부분이 숨겨져 있고 외부로 나타나 있는 것은 극히 일부분에 지나지 않음을 비유한 말
思考方式 (사고방식)	어떤 문제에 대하여 생각하고 궁리하는 방법이나 태도
士農工商 (사농공상)	선비·농부·공장·상인 등 네 가지 신분을 이르는 말
事事件件 (사사건건)	해당되는 모든 일 또는 온갖 사건
事實無根 (사실무근)	사실에 근거가 없다는 뜻으로, 근거가 없거나 사실과 전혀 다름

四字成語(사자성어 : 네 글자로 이루어진 말)

事親以孝 (사친이효)	부모님을 효로써 섬김
三位一體 (삼위일체)	세 가지의 것이 하나의 목적을 위하여 통합되는 일
三寒四溫 (삼한사온)	7일을 주기로 사흘 동안 춥고 나흘 동안 따뜻함
生面不知 (생면부지)	서로 한 번도 만난 적이 없어서 전혀 알지 못하는 사람
善男善女 (선남선녀)	성품이 착한 남자와 여자란 뜻으로, 착하고 어진 사람들을 이르는 말
善因善果 (선인선과)	착한 원인에 착한 결과라는 뜻으로, 선업을 쌓으면 반드시 좋은 과보가 따름
速戰速決 (속전속결)	싸움을 오래 끌지 아니하고 빨리 몰아쳐 이기고 짐을 결정함
十年知己 (십년지기)	오래전부터 친히 사귀어 잘 아는 사람
安分知足 (안분지족)	편안한 마음으로 제 분수를 지키며 만족할 줄을 앎
良藥苦口 (양약고구)	좋은 약은 입에 쓰다는 뜻으로, 충언은 귀에 거슬린다는 말
語不成說 (어불성설)	말이 조금도 사리에 맞지 아니함
言文一致 (언문일치)	실제로 쓰는 말과 그 말을 적은 글이 일치함
言行一致 (언행일치)	말한 대로 실행함
英才敎育 (영재교육)	천재아의 재능을 훌륭하게 발전시키기 위한 특수 교육
溫故知新 (온고지신)	옛것을 익히고 그것을 미루어서 새것을 앎
勇氣百倍 (용기백배)	격려나 응원 따위에 자극을 받아 힘이나 용기를 더 냄

월   일

四字成語 (사자성어 : 네 글자로 이루어진 말)

四字成語	뜻
有口無言 (유구무언)	입은 있어도 말은 없다는 뜻으로, 변명할 말이 없거나 변명을 못함
有名無實 (유명무실)	이름만 그럴듯하고 실속은 없음
耳目口鼻 (이목구비)	귀·눈·입·코를 중심으로 한 얼굴의 생김새
以實直告 (이실직고)	사실 그대로 고함
以心傳心 (이심전심)	마음과 마음으로 서로 뜻이 통함
人相着衣 (인상착의)	사람의 생김새와 옷차림
一字無識 (일자무식)	글자를 한 자도 모를 정도로 무식함
自古以來 (자고이래)	예로부터 지금까지의 동안
自給自足 (자급자족)	필요한 물자를 스스로 생산하여 충당함
自初至終 (자초지종)	처음부터 끝까지의 과정
前無後無 (전무후무)	이전에도 없었고 앞으로도 없음
全知全能 (전지전능)	어떠한 사물이라도 잘 알고, 모든 일을 다 행할 수 있는 신불의 능력
朝變夕改 (조변석개)	아침·저녁으로 뜯어고친다는 뜻으로, 계획이나 결정 따위를 자주 바꿈
主客一體 (주객일체)	주체와 객체가 하나가 됨
知過必改 (지과필개)	누구나 허물이 있는 것이니 허물을 알면 반드시 고쳐야 함
知行合一 (지행합일)	지식과 행동이 서로 맞음

四字成語 (사자성어 : 네 글자로 이루어진 말)

天災地變 (천재지변)	지진, 홍수, 태풍 따위의 자연현상으로 인한 재앙
靑山流水 (청산유수)	푸른 산에 흐르는 물이라는 뜻으로, 막힘없이 말을 잘함을 이르는 말
秋風落葉 (추풍낙엽)	가을바람에 떨어지는 나뭇잎이라는 뜻으로, 세력이 갑자기 기울어지거나 헤어져 흩어지는 모양
敗家亡身 (패가망신)	집안의 재산을 다 써 없애고 몸을 망침
海水浴場 (해수욕장)	해수욕을 할 수 있는 환경과 시설이 갖추어진 바닷가
行動擧止 (행동거지)	몸을 움직여 하는 모든 짓
凶惡無道 (흉악무도)	성질이 거칠고 사나우며 도의심이 없음

略字(약자 : 간략하게 줄여서 쓰는 글자)

기본자		약자	기본자		약자
價	⇒	価	無	⇒	无
擧	⇒	挙	變	⇒	変
輕	⇒	軽	寫	⇒	写
觀	⇒	观, 観	實	⇒	実
關	⇒	関	兒	⇒	児
廣	⇒	広	惡	⇒	悪
舊	⇒	旧	爭	⇒	争
團	⇒	団	傳	⇒	伝
當	⇒	当	卒	⇒	卆
獨	⇒	独	質	⇒	貭
勞	⇒	労	參	⇒	参
賣	⇒	売	鐵	⇒	鉄
氣	⇒	気	世	⇒	卋
同	⇒	仝	數	⇒	数
來	⇒	来			

중앙에듀북스
중앙경제평론사

Joongang Edubooks Publishing Co./Joongang Economy Publishing Co.

중앙에듀북스는 폭넓은 지식교양을 함양하고 미래를 선도한다는 신념 아래 설립된 교육·학습서 전문 출판사로서 우리나라와 세계를 이끌고 갈 청소년들에게 꿈과 희망을 주는 책을 발간하고 있습니다.

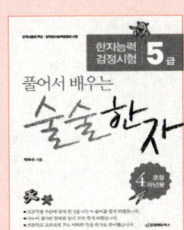

풀어서 배우는 술술한자 (한자능력검정시험 5급)

초판 1쇄 발행 | 2010년 6월 28일
초판 3쇄 발행 | 2012년 3월 15일

지은이 | 박두수(Dusu Park)
펴낸이 | 최점옥(Jeomog Choi)
펴낸곳 | 중앙에듀북스(Joongang Edubooks Publishing Co.)

대　　　표 | 김용주
책 임 편 집 | 최진호

출력 | 국제피알　종이 | 한솔PNS　인쇄 | 태성문화사　제본 | 은정제책사

잘못된 책은 바꾸어 드립니다.
가격은 표지 뒷면에 있습니다.

ISBN 978-89-94465-00-5(14700)
ISBN 978-89-961701-6-7(세트)

등록 | 2008년 10월 2일 제2-4993호
주소 | ⓤ 100-826 서울시 중구 다산로20길 5(신당4동 340-128) 중앙빌딩 4층
전화 | (02)2253-4463(代)　팩스 | (02)2253-7988
홈페이지 | www.japub.co.kr　이메일 | japub@naver.com | japub21@empas.com
♣ 중앙에듀북스는 중앙경제평론사·중앙생활사와 자매회사입니다.

Copyright ⓒ 2010 by 박두수
이 책은 중앙에듀북스가 저작권자와의 계약에 따라 발행한 것이므로 본사의 서면 허락 없이는 어떠한 형태나 수단으로도 이 책의 내용을 이용하지 못합니다.

▶ 홈페이지에서 구입하시면 많은 혜택이 있습니다.